献给即将为人父母者，你们将与孩子一同成长

献给已为人父母者，你们正在陪伴孩子一起成长

名人荐语

勇赫是一个很有才华，也很勤奋的青年专家，他投身于亲子教育领域的研究，一干就是7年，义务为上百名家长与孩子提供教育咨询与心理辅导。是优秀"80后"青年的代表，也希望他的这本《让孩子快乐的亲子关系》可以帮助更多的人。

——团中央中华儿女报刊社党组书记、社长兼总编辑，

全国青联副秘书长　李而亮

尤其在父亲角色普遍缺席家教位置的当前环境下，刘勇赫以父亲身份在育儿过程中观察、体会与认识到的一些经验之谈，无疑是可贵的"他山之石"，可以帮助到更多的为人父母者，让更多的家长们有所借鉴，从中受益。

——全国妇联中国妇女杂志社社长，中国家庭文化研究会副会长

韩湘景

千里之行始于足下；人生之行始于童年。勇赫撰写的《让孩子快乐的亲子关系》很好地诠释了父母作为孩子的第一任老师，如何科学地使孩子成长的重要性和教育方法；如何陪伴孩子在人生最重要的环节上赢在起点，是确立孩子未来走向的重要一课，是一本值得年轻父母细细品读的好书。

——著名诗人，北京市海淀区作家协会秘书长　王威

名人荐语

作者刘勇赫坚持实地研究，以便近距离地接触第一手家庭教育资料。他在北京市育英学校担任心理教师与资源教师期间，每天接待来自小、初、高年级学生、教师、家长各类个案，积累了丰富的经验，也善于将这些资料进行分类整理与总结。如何处理亲子关系，我相信家长、教师或其他教育工作者们可以通过《让孩子快乐的亲子关系》得到一些有益的启发与帮助。

——数学特级教师，北京市育英学校校长　于会祥

在北美，学校都设有心理老师，帮助学生疏导心理压力，帮助家长更好地了解孩子，并构建和谐亲子关系。回国后我欣喜地发现，国内的学校也开始越来越重视学生和家庭亲子关系，有些学校还专门配备了心理教师这个职位。本书作者就是这样一位在中学肩负着调适学生心理和家庭关系桥梁的老师。希望作者多年积累的关于亲子关系的体会能让更多的家庭受益。

——少儿教育专家，畅销书作者　安妮鲜花

父母是孩子的第一任老师，家庭是孩子的第一学堂。如何才能让自己成为优秀的老师，去成功开办第一学堂，敬请关注《让孩子快乐的亲子关系》，让刘勇赫给我们父母上一堂最及时的亲子教育课。

——新浪百万博主，育儿达人　睿爸

名人荐语

竞争如此激烈的社会，孩子的成长，离不开父母的悉心照料。良好的亲子关系，可以打开孩子的心灵窗户。刘勇赫老师用心陪伴孩子，良好的家庭教育，造就孩子好的人格。

——著名阅读推广人　fefe　喆妈

原本想把此书当作亲子阅读的指导，睡前慢慢看，结果被其生活化和粲然的文字"俘获"，太温暖治愈，太有启发了。

孩子，这比我们想象的更有韧性，他们需要更有意义的人生，如果您有幸拿到了《让孩子快乐的亲子关系》这本书，或者正在为孩子的问题所困惑，就让刘勇赫这位来自一线的亲子教育专家和"超级奶爸"给您最实用的点播和指导。

——北京电视台著名主持人　雅淇

好的关系胜过许多教育，但，好的"亲子关系"是怎样的？如何创建又如何让它发挥作用？这是一个永远说不完的话题，部分思考就凝结在这本书里，透过每一个小话题的阐述，知微见著，读者或许能萌生更多的见解和想法。我所了解的作者思维奔逸，行文朴实又不拘，重要的是，他身上总有一股温暖的力量。爸爸妈妈们，去感受他传递的支持吧！

——著名心理专家　朱虹

让孩子快乐的
亲子关系

刘勇赫　著

团结出版社

图书在版编目（CIP）数据

让孩子快乐的亲子关系/ 刘勇赫著. -- 北京 ： 团结出版社，
2015.1（2019.9 重印）
ISBN 978-7-5126-3252-3

Ⅰ．①让… Ⅱ．①刘… Ⅲ．①儿童教育－家庭教育
Ⅳ．①G78

中国版本图书馆CIP数据核字(2014)第 270740 号

出　版：团结出版社
　　　　（北京市东城区东皇城根南街 84 号　邮编：100006）
电　话：(010) 65228880　65244790 （出版社）
　　　　(010) 65238766　85113874　65133603（发行部）
　　　　(010) 65133603（邮购）
网　址：http://www.tjpress.com
E-mail：zb65244790@vip.163.com
　　　　fx65133603@163.com（发行部邮购）
经　销：全国新华书店
印　装：三河腾飞印务有限公司

开　本：150mm×230mm　　　16 开
印　张：16.5
字　数：197 千字
印　数：30306-33315
版　次：2015 年 1 月　　第 1 版
印　次：2019 年 9 月　　第 6 次印刷

书　号：978-7-5126-3252-3
定　价：32.00 元

序

　　亲子关系和亲子教育，是当前社会及众多家长格外关注的一个话题。随着社会的发展，人们逐渐意识到，对孩子单纯的智力投资已不能适应日渐复杂的社会环境，知识之外，情商和人际关系成为孩子顺利进入社会的重要支撑。婴幼儿时期的亲子关系和教育，对一个人性格的形成，品质的培养，意志的磨炼，与他人交往模式的建立等，都具有决定性的作用。因此，一个家庭中，良好的亲子关系和教育，是人一生当中，情商学习与训练的基础部分，具有不可替代的重要意义。

　　刘勇赫先生致力于亲子教育的研究与实践，担任过多家杂志和机构的育儿顾问。他为我们《中国妇女》杂志撰稿，也是《婚姻与家庭》杂志的专栏作者。做父亲之前，他大量阅读国内外早教书籍，并开通了新浪教育博客，在线义务解答家长的各种育儿困惑。在帮助家长答疑解惑的过程中，刘勇赫逐步积累起丰富的育儿经验；孩子的出生，更为他提供了理论付诸实践的机会。陪伴孩子一起成长的日日夜夜，让他深切地感受到，亲子关系是健康人格的摇篮，是家庭和谐的基石，是综合素质的训练场，是社会交往的学校。尤其在家教中父亲角色普遍缺失的当前环境下，刘勇赫以父亲身份在育儿过程中观察、体会与认识到的一些经验之谈，无疑是可贵的"他山之石"，可以帮助到更多的为人父母者，让更多的家长们有所借鉴，从中受益。

我相信，随着阅历、见识的不断增长，在亲子关系和教育这个领域，刘勇赫先生将会分享给我们更多、更全面、更深刻的见解。

全国妇联中国妇女杂志社社长、中国家庭文化研究会副会长

韩湘景

2014 年 10 月

自序

　　有很多朋友都夸我有预见性，原因是我在很多年前就开始关注与研究亲子教育，并且一直坚持到"亲子热"成为时尚与主流文化的今天。这里面有很多"情节"，例如，我从小喜欢当老师，我喜欢孩子，我喜欢和孩子一起互动游戏。但"喜欢"终究不能算是强大的动力，我觉得有必要对自己进行一个深入的剖析，从这个剖析当中，可以弄清楚两个问题，第一，为什么我成为了亲子教育工作者。第二，我为什么非要写这本书。

　　与父亲的关系。我生活在一个相对民主、相对小康的家庭。我的父亲是一个没有考上大学的文化人，读书很多，并且善于引经据典，在日常的生活中他不要求我背诵，却经常在家中背诵诗词歌赋。我在很小的时候，就会背诵《木兰辞》《长恨歌》。父亲曾是北京市崇文区（于2010年7月撤销，与东城区合并）书法家协会的理事，写得一手好字，却由于他不强迫我和他一样，而没有对我进行书法教育。印象中父亲只踢过顽皮的我一脚，便再无其他肢体惩罚。他的简朴、善良与睿智对我的一生影响很大。

　　父亲是一个内向的中国男人，他很少与陌生人说话。在我的记忆中，从年幼到大学毕业，父亲与我的沟通都是有限的。

这个沟通指的便是一对一的关于生活与成长的交流。父亲像很多中国男人一样，爱一个人却不善于表达，其内敛程度让人经常疏忽他的存在。沟通的缺乏让孩子体会不到深藏的爱；身体接触的缺乏让孩子缺少自信与安全感，可以想象中国的父亲，总是很少拥抱孩子或亲吻孩子的，还好"80后"的奶爸们已经意识到了这个问题。

与母亲的关系。母亲是一个单纯、可爱、反应快、急脾气的胖夫人。她很善于交流，也非常享受交流。父母在80年代中期便辞去了稳定工作，下海经商。母亲是天生的生意人，她勇敢而机智，有一定的强制力又很讲道理，所以她的下属们既怕她又信她。她可以与政府部门的人谈笑风生，也可以与地摊小贩滔滔不绝。

儿子总会随着年龄的增长，而越发觉得母亲的伟大。当你想到她的严厉批评，你终会理解那是她对你的期望与关心；当你回忆起她的棍棒伺候，你也明白她怕你在社会上受到真正的伤害与威胁；当你耳边感觉缺少啰嗦与唠叨时，你才想起那是母亲的挂念与担心。尽管如此，我还是不得不提母亲做的"不到位"的地方，当然这并不能怪她。我从小在爷爷奶奶的身边长大，父母忙生意而住在另一个地方。我记得幼小的我，总是独自站在十字路口，远远地张望与等待，希望他们能够骑着单车在下一秒出现——这甚至是我童年最深的回忆之一。

这不是孩子的矫情，而是孩子的敏感。如果说我有什么特别之处，就是当父母在对我进行教育的时候，我一半心思在听从，另一半心思则在反思。如果我是父母，我会怎么样教育我的孩子？就像上面提到的，有谁知道孩子需要的只是简单的陪伴、聊天、拥抱，甚至是"举高高"的游戏呢？当我们是小孩的时候，我们当然都有体会，但当我们成为了小孩的父母，我们便忘却了曾经的"伤疤"。

现在我有了自己的女儿，长得又很像小时候的我。在陪伴她、与她游戏的过程中，孩子可以更加健康快乐地成长，而我也得到了心理上的"治愈"。如果爱一个孩子，就要了解她的需要，我希望自己的这部作品能够把"理性爱"的理念与方式传递给更多的家庭，带来温暖，减少遗憾。

谨以此书献给我的父母，我永远爱你们。

刘勇赫
2014 年 12 月于柳林馆

第 *1* 章

亲子关系是一生幸福的基础

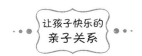
1. 亲子关系让"小我"变"大我"

我们一说到儿童，或者说到某个大人举止像个孩子，总会说"以自我为中心"，他们的具体表现是只考虑自己的得失，不顾及别人的感受，一旦自己感到不合适，就会烦躁或哭闹，让周围人非常苦恼。事实上，我们要知道"以自我为中心"对于儿童是正常的，对于成人来说是人际交往能力的匮乏。在社会生活中，不应该以自我为中心，而应该以"关系"为中心。

"以自我为中心"产生于 2 ～ 2.5 岁，这里说到的自我就是自我意识。心智水平的飞跃发展，行走登高的能力进步，语言表达的日臻成熟，让孩子有理由相信自己已经"强大"了，和以往（2 岁之前）有着翻天覆地的变化。2 岁之前的孩子一直认为母子一体，他们的肢体是那么柔弱，他们的心灵是那么清澈，可以说他们才是达到了"无我"的境界。老子在《道德经》中提到"复归于婴儿"一说，耄耋老人回到了婴儿的状态，其实就是 0 ～ 2 岁那种只有最基本的生理需要的情况，也正是道家追求的"少私寡欲"。复杂的欲望是从什么时候开始的呢？就是一个人开始具备稳定的自我意识的时候。在这个阶段，他们完成了心理上的断乳，即他们完全接受了母亲与自己是两个独立的个体，他们渴望按照自己的意识去得到更多的利益，哪怕是多吃一片奶片或者多在游乐场玩一会。由于他们具备了基本的运动能力，所以他们认为我干自己的事情和父母没有任何关系。另外，他们具备了物权的意识，自己的玩具、衣服不愿意与别人分享，甚至不让别人触碰。作为家长，我们要知道自我意识的初级阶段就是这个样子的，甚至我们需要固化他的想法，比如物权意识与独立意识。你要知道，这些表现是"小我"的，并不是完整的"自我"，但是它是从动物属性的本我人格向社会属性的自我人格的过渡阶段。

我喜欢把 2 ~ 3 岁这段时期称作"小叛逆期"，孩子在这段时间都会出现一些"造反"的举动，只不过会因为气质类型的不同而稍有差别。比如外向的孩子会出现指挥家长拿东西，不按照他的心意就大喊大哭，不喜欢的东西会扔到地上等破坏性行为；内向的孩子会出现闷头不语，不理睬父母，做与父母口令相反的动作，因为很小的事情就会哭个不停等。当这个时间段的孩子出现了以上症状时，父母不必着急与生气，这是他们必须经过的一段心路历程。

当"小我"意识爆发时，家长必须避免以下两种做法。

1. 一味迁就。

有的家长一味迁就孩子，对于孩子的口令百依百顺，导致被孩子牵着鼻子走，非常辛苦也非常狼狈。我看到很多这样的案例，孩子对母亲指手画脚，母亲却在一旁低声下气。其实这就是溺爱的一种表现。孩子在这种情况下会变得飞扬跋扈，骄横自大，不把别人放在眼里，当别人没有满足他的愿望时就会暴跳如雷或号啕大哭，长大之后便会转化为人际交往的冲突与障碍。

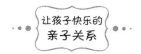
2. 过度严厉。

有些家长看到孩子 2 岁前后发生的巨变，内心产生惶恐，害怕自己 2 岁之前"满足过度"导致了眼前的"苦果"，于是就采取了高标准、严要求来约束自己的孩子。通常家长会按照成人的标准要求孩子，让孩子去理解父母的感受，做不到就给予严厉的批评或惩罚——这种做法丝毫没有考虑到孩子的心理年龄特征，受到这等待遇的孩子大部分会产生自卑的心理，并伴其一生。

那么，如何让孩子在"自我"的良性轨道上发展呢？我给家长朋友们 5 个建议。

1. 进行服从期训练——规则感建立关键期。

服从期训练是 0～3 岁，为什么要在这个阶段建立规则感呢？因为 0～3 岁是孩子行为能力的产生阶段，也可以说是行为转化为习惯的最快阶段，我把这个阶段称为"最快发展区"。一个人在学习一件事情时，学习效率与动力的峰值恰恰是刚刚接触这件事情的时候，因为那正是一种叫做好奇心的本能的力量。从社会学的角度看，服从是人的一种必需具备的社会反映，是健全人格的一部分。在 0～3 岁缺少服从期的训练，就是人格的缺失。有很多家长向我反映，孩子无法适应学校的集体生活，究其根源大多与服从期训练的缺失有关。服从期不是家长专制的意思，而是孩子必须服从规则或规范教育。

就像我们刚才说的，0～3 岁事实上是两个阶段，即 0～2 岁与 2～3 岁。我的孩子在 1 岁左右就制订了生活作息表，为她设计一个有规律而健康的生活。可以说 2 岁之前的孩子，由于没有太多的自我意识，所以比较容易进行服从期的训练。当进入小叛逆期之后，家长不要因为孩子的"叛逆"而妥协，因为你的坚持将让他受益一生。当遇到孩子不"服从"的状态时，可以采取奖励或惩罚的办法，可以说行为主义在2～3岁时是大有裨益的。

需要注意的是，我们需要关注的是习惯的养成，而不是唯命是从。

2. 延迟满足——学会思考"我要的"未必"真需要"。

"小我"的一个很大的表现便是经常说"我要……"，这也是很多家长向我反映他们备感头痛的问题。相信大家都听过"延迟满足"这个著名的心理学术语，有的家长通过自己主观摸索，采取了拖延战术，比如承诺过会给你，下周给你买。记住，不要轻易下承诺，如果不兑现会给孩子造成人际不信任感，直接影响亲子关系。

其实，孩子要东西的时候恰恰是锻炼能力的好时机。当孩子需要一件玩具或者衣服的时候，他的内心充满了渴望，他的大脑犹如箭在弦上，你如果多问他几个问题，可能会有意想不到的效果。"你能跟我说说它是什么样的吗？什么颜色的？什么形状的？你拿它来做什么呢？"不要以为这种天真姿态很傻，孩子们可是认真对待的。所以往往在询问两三个问题之后他会发现也许他并不是那么需要这个东西，最终主动放弃。请记住那句话，满足永远是有条件的，而爱是无条件的。

3. 避免特权"小我"。

与自我的区别就在于，"小我"认准了物品、人物与自己不变的归属关系，而自我的规则意识很清楚，他知道很多事情需要方法才能完成，而这方法就必然涉及人与人之间的关系。现实生活中存在一个问题，就是6个大人服务1个孩子，难免会产生优越感。这个时候，我觉得应该精心设计一些环节让大家保持一致，如一样的餐具、一样的手套等。还要准备一些大

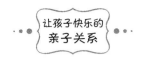

家共同拥有的物品，比如滑梯或较大的玩具，与孩子们一起使用，也可以很好地减轻"小我利己"的程度。

4. 多结交同龄伙伴。

同辈群体的相处对于孩子的成长非常重要，在同龄伙伴玩耍的过程中，会出现"小我"与"小我"的"激烈碰撞"。这个时候为了集体活动的继续进行，"小我"会不自觉地淡化，服从大家的决定。孩子在这一过程中，不仅会从小伙伴们那里学到知识，还提高了语言能力与情商水平。在我接触的很多案例中，家长们不给孩子互相玩耍的时间，生怕孩子们会受欺负或者学坏，这种做法是严重错误的，孩子不但要和小伙伴们玩，还要和不同类型的小孩玩，这才能够提高孩子的社会适应性。

5. 以身示范。

都说孩子是父母的镜子，这是有一定道理的。因为 6 岁之前，尤其是 0 ～ 3 岁的孩子，他们的一举一动都会参考父母的表现，这种学习是无意识的，是本能的。为了避免孩子成为"小我"，家长朋友们要先学会"大我"。"大我"实际上是我中有你，你中有我的心理状态，可以说这个"我"是开放的、流动的、融合的。在吃饭、游戏、沟通事情时，父母之间要注意分享与互动，在家庭中父母需要互相帮助、互相关心，这样便可以给孩子以积极的暗示。在语言方面，2 岁之前要多使用"你"，而 2 岁之后则开始使用"我们"这个称谓，这样也会降低"小我"，提升"大我"。

$\mathcal{2}.$ 用亲子互动培养独立人格

那天，有一个年轻的妈妈来到咨询室，看到她愁眉苦脸的样子，就知道她一定遇到了很棘手的教育问题。经过倾听得知，她有一个 4 岁的女孩叫美子，很听话，家长说什么就做什么，邻居们也觉得是个好孩子。可是，她总觉得美子缺少一些自己的想法，害怕美子长大以后会变得人云亦云，没有主见。美子妈妈希望美子可以勇于说出自己的观点，拥有独立的思考能力。

我在学校做团体辅导的时候，总会发现有一种人，他们不太容易表达个人意愿，就像"沉默的羔羊"。这一点缺少让他们在社会中失掉了很多机遇，非常可惜。幸运的是，美子正处在 3 ～ 6 岁这个黄金时期，很多问题可以迎刃而解。归根结底，家长应该对孩子进行独立意识的培养，创造一个平台，让孩子了解自己，表达自己。

3 ～ 6 岁是独立意识培养的关键时期。如何培养独立意识呢？一味地说教肯定是起不到作用的，我们要将独立意识的培养与亲子互动结合起来。儿童需要借助父母的沟通与评价，全面认识自己并非是和母亲一体的，而是一个独立的个体，一方面学会与人相处的方法；另一方面了解自己的优势与不足，进而完善自己的人格。我的建议是这样的：

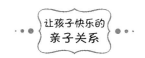

1. 提供《富兰克林表》，帮助孩子客观认识自己。

《富兰克林表》，简单而且容易操作。在一张空白的纸上，中间划上一条线。左面让孩子写 10 个优点，右面让孩子写 10 个缺点。通过这种方式孩子可以比较清晰地了解自己。如果有"胆量"，家长也可以与孩子共同完成，然后分享一下。还有一个游戏叫作《个人档案》。我们经常会看到明星介绍自己时列举到了姓名、生日、血型、星座、爱好等诸多信息，这是给粉丝看的。其实，我们可以制作一个表格，争取让个人信息全面覆盖，然后让孩子来填一填。你会发现不同年龄段的孩子的变化与成长。

2. 进行圆桌式会谈。

把孩子当孩子，孩子永远是孩子。让孩子尽快成熟起来的方式，就是用理性的方式与她商谈。我们可以针对近来发生的新闻热点、孩子的梦想甚至是学校里发生的故事展开交流，关键是让孩子能够当众讲出自己的观点，同时倾听别人的想法。值得一提的是，家里的一些决定，包括买房、买车或装修等，可以听听孩子的想法，这样做既培养了儿童的理性思维，又锻炼了表达能力，最终有助于独立意识的形成。

3. 提供家务劳动的机会。

有人问我什么是最好的亲子活动？我说是家务劳动。能体现家庭温暖与归属感的，除了大家一起共进晚餐，还有晚饭后大家有说有笑一起做家务。我们允许儿童量力而行，从最简单的做起，但是我们决不能用奖品进行家务劳动的奖励。这样做不但容易养成不良的习惯，而且会破坏孩子的责任意识。家务劳动不用花一分钱，却可以培养孩子的独立意识与自理能力，善莫大焉！

4. 进行亲子阅读。

3 ～ 6 岁是进行亲子阅读的最佳年龄，一方面阅读为亲子之间搭起了一座沟通的桥梁；另一方面功能性绘本的阅读，可以让孩子通过书中人物的经历，学会独立思考及如何与人相处。此外，孩子一旦体会到读书的乐趣与方法，就会将阅读伴随一生。众所周知，读书本身是解决问题的重要途径之一，也必将成为儿童独立成长的一大助力。

5. 多进行亲子运动。

运动是令人着迷的，甚至是发狂的。一方面是因为运动会锻炼出健康的体魄，另一方面运动体现了个人的独立意志与合作意识。可以说在亲子运动中，孩子学会了包括进取、体会挫折、团结等品质，也学会了如何适应社会环境，争取帮助与助人。

其实，以上这五点，只是举例，对于儿童独立意识的培养完全可以在日常生活中进行，比如购物的时候，可以让孩子进行选择，同时说出选择的理由；在看完电影之后，让孩子谈谈自己最大的感触是什么。

另外需要注意的是，我们要事先做好示范，让孩子明白这样做是"值得提倡的"。对于儿童独立思考的"成果"，我们要给予必要的奖励。可以说，孩子太听话，就是因为"听的话太多"。听得多，就会想得少，而最好的办法就是鼓励他们说出来。

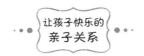
3. 亲子关系让母亲成为
孩子一生的典范

母亲对于儿子的影响到底有多大？就像太阳对于地球，一点儿也不过分，但尽管如此，地球终究是个独立的星球，它要自传，请允许它有自己的轨道。

母子关系，是一切关系的源头，正如裴斯泰洛奇所说，母亲是孩子未来关系的理想典范。母亲就是孩子的标杆，是孩子人生的参照物。心理学家发现，人的性格会随着年龄与环境有所变化，但总体的趋势却是越来越像自己的母亲。相对于女儿，儿子对于母亲来说有着更深层次的影响，儿子有一种本能，他们从小在寻找着母亲对自己的要求与标准，并努力让自己符合这个标准，因为他们不能让母亲失望，不能让母亲受到伤害。由此可知，儿子的焦虑源头其实来源于母亲，但焦虑不完全是坏事，在实现母亲的期望的过程中，儿子更加像个男人，更符合社会期许，但如果我们的要求与标准过于严厉与苛刻，必然造成儿子的心理负担，最终成为长大后的心理隐患。

今天，接待了一位高三年级学生的母亲，儿子在重点校的实验班，高一、高二成绩优良，高三成绩开始下滑，自我感觉压力很大，总是要求自己必须名列前茅，然而没有丝毫效果。

询问如何进行减压。

当做过亲子教育研究之后，我在处理个案有了自己的风格或者说方式，我会将家庭教育因素放在我诊断的重要位置，我不会开场提出，但是会渐渐引入这个领域。在我学二级心理咨询师的时候，我就发现了一个问题，所有的心理问题都有一个共同的原因，那就是来访者或案主在童年接受了严厉的家庭教育，至于严厉到什么程度，也与个人的心理承受度有关。

果不其然，这个案例中的主人公有着同样的问题，而且很典型。母亲是一个非常要强的人，她说我不要求一定要有很高的分数，但是我一定要有很好的行为规范，我家孩子从小就做到很自律，比他父亲强。由此，我引出了她的心理症结，在她的心目中，丈夫没有完全符合自己的标准，不够"男人"，所以他一定要让自己的儿子成为自己心目中那个"男人"的样子。以前，我经常说，家长不应该用成人的标准要求孩子，而这位家长不是用成人的标准了，而是用君子的标准在要求自己的儿子，行为规范，自律自强，有苦不说，有难自扛，岂止是君子，简直就是超人嘛！在她的自述中，她提到孩子从来不会求助，很少诉苦，这就证明了儿子的应对行为非常单一，基本上处于一种内化的形式，这对于排解心理困惑是非常不利的。

从弗洛伊德的观点看，人格分为本我、自我、超我三层次，是人格的整合，缺一不可，这就是弗洛伊德最伟大的发现之一。中国的君子与外国的超人是一样的，只是一个好静，一个好动，都不是常人，都不是正常人。如果按照人格说来看，君子与超人处于了超我的位置，长期处于这个位置属于心理高压状态，而容易导致心理崩溃。所以儿子会在实在受不了的时候，说道，"妈！究竟如何你才能满意呢？"

母亲之所以成为这样的母亲，和母亲的母亲有着很大的关

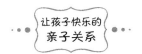

系。果然，这位母亲儿时就接受了"正统"教育，她觉得人就应该行为规范，自律自强，有苦不说，有难自扛。我说好吧，就算您可以做到，但您的孩子也不一定会做到，因为人与人终究是不同的，再言，在当今社会这样做就是人才了吗？也不尽然，学会与人相处，甚至比行为规范更加重要，处理不好人际关系，他的道路会非常孤独，非常坎坷。

母子关系决定人际关系，决定未来，决定幸福。在这个案例中，母亲始终是支配方，儿子是服从方，这种形式的后果是，儿子缺乏自我与自主。在一次谈话中，母亲与孩子说，你不要做公务员，人心会坏，不要做商人，商人狡诈，你应该做个技术工作或工程师……当我听到这句话时，心都碎了。360行，被母亲砍掉了180行，孩子的选择余地变得狭窄，谁说公务员的心都是坏的？谁说商人不能善行天下了？母亲的一些错误认知概念直接影响到了孩子的独立判断与正常判断。

期间，还发生了一段小插曲，儿子可能暗恋上了自己的同桌，儿子嫌母亲给儿子带水果的盒子不够干净，并希望母亲把水果切成小块。后来女孩和儿子不再同桌了，同桌换成了男孩，儿子就没有这个要求了。那位母亲一度怀疑是不是女孩影响了儿子，或者儿子受到了打击。我说这真是个好事情，那个女孩给了您儿子一次自己判断的机会，自己可以选择喜欢的人，自己可以为喜欢的人做点事情，我对那个母亲说，您还得感谢那个女孩儿呢！不要总是怕儿子受伤或摔跤，18岁之前一定要让他们摔跤撞墙，没有这种心理免疫，工作之后肯定受挫，成家之后肯定不和谐，生了孩子当奶奶的还得操心。她一笑，我接着说，您以后可是要做婆婆的，儿媳妇是不是也要做您心目中的"君子"呢？儿子是听妈妈的还是听媳妇的呢？很多女孩可都是因为男孩太听妈妈话才分手的呀！

听我说完，她也意识到自己的错误，觉得应该让儿子多做做主。由于儿子距离高考还有 50 天，她想得到速成的办法，我说没有速成办法。

她沉默了一会儿，又看看了我。

我说高考前，你只需要做到这六条就行：

不批评、不评价、不鼓励、不表扬、多微笑、听儿子指挥。

这六条不过是让一个母亲渐渐淡出儿子的视线，因为你要自信儿子永远不会忘记母亲的存在，但儿子也想证明自己的存在，请给他们一个机会吧。

儿子不是母亲的全部，也不是一部分，儿子是个独立的星球，它离不开太阳，围绕在太阳周围，它得到了温暖与安全，但是，它终究要成为一个新的太阳，只有这样它才更加强大。

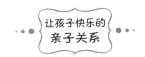

4. 亲子关系让家庭更和谐

勇赫老师：

您好！

我跟老公是经朋友介绍认识的，或许是缘分，我们很快坠入了爱河。通过一年的相处和了解，我们在 2010 年 5 月决定结婚，婚后的生活一直都非常得和睦。我一直以为，在这个爱情已是快速消费品的年代，我们会迎来我们的银婚，金婚，一起浪漫到老。可是在我们的孩子降生的那一刻，家的和睦和平静瞬间被打破。一直到现在，孩子已经 8 个月了，我竟有了离婚的想法。

我在家是全职太太，请了钟点工，每天来家里 2 次，为我分担家务和看孩子的重任。他在外边工作赚钱养家。我自己在家带孩子非常得累，每天晚上他回来之后我特别希望他能抱抱孩子，陪一会儿孩子，好让我安静一会儿。可是他一回来之后吃完饭就坐在电脑旁继续工作，我跟他说过多次，希望他能帮帮我，可是他总说工作还没有忙完。

每天晚上，孩子都会大哭一次，为了让他睡一个安稳的觉，第二天上班精力充沛，我跟他分开睡。他倒也乐意。我看得出他很喜欢孩子，每天早上他都会陪孩子一起吃饭，周末也会带孩子去小区楼下玩。

可是，我们的关系却逐渐疏远了。我把孩子看得比任何人和事都重要，因为我担心孩子会生病，会不小心摔在地上，每天我都很紧张，可是每次想到他我就感到有些孤独。他有一次一晚上都没回家，我给他打电话他也不接。我很恼火，第二天他出现在我面前的时候，对他大声吼了两句，两人吵了一架。孩子在里面哇哇大哭。从那以后我们开始冷战，很少跟彼此说话，这让我很痛苦。我整天闷闷不乐，孩子虽然不会说话，但我看得出他也不是很快乐。

我不知道该怎么办了，我的情绪已经影响了孩子的成长。我很爱我的老公，可是我也不知道该怎么去维系我们这段婚姻，我最近非常得痛苦，竟然想到了离婚。

希望勇赫老师能够帮助我！

给年轻妈妈的回信

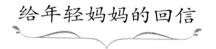

年轻妈妈：

您好！

读到您的来信，我能体会到您非常需要专业的指导。这个指导并不是简单的心理疏导，而是一种家庭支持系统的建立。从两人世界到三口之家，看似只是数字的变化，其实背

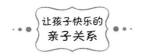

后是家庭结构的重组。

事实上，男性进入父亲的角色要比女性进入母亲的角色晚半年，甚至更长的时间。我们的这位年轻的妈妈很显然没有接受这个客观的事实。从您的言语中，我们似乎能够体会到这样的情绪：孩子的爸爸非但没有尽什么责任，怎么还不如从前了呢？丈夫在有孩子之前是好男友、好丈夫，怎么会在有孩子之后，就不合格，不称职了呢？我们经常依据我们的经验来看问题，好男孩必然会成为好男人，好男人一定会成为好丈夫，好丈夫一定会成为好爸爸，好爸爸一定会成为好爷爷……这里面自然会有连带关系，但并不是必然联系。这是因为社会角色越来越复杂，而角色本身的要求也越来越严格。听话懂事、学习好可能就被冠以好男孩，但是我们并不能说听话懂事、学习好就是一个好丈夫。一方面，做好角色是个人经验与自我顿悟的结果；另一方面做好角色需要社会教育与帮助。可以认为，学校教育其实就是对好男孩与好女孩的角色教育。一些发达国家，包括中国的一些发达地区已经出现了"婚前培训"，这种教育培养目标就是好丈夫与好妻子，这是非常必要的。父母课堂的出现无论从科学性，还是社会发展的需求来看，都是大势所趋。

目前，父母课堂在大陆地区并不普及，我们可以依靠自身资源来解决这个问题，要知道好丈夫与好父亲都需要妻子的培养。

其一，改变自己的家庭观念。在信中，我们会发现，妻子是一个非常"相夫教子"的模范妻子，但是你要知道"相夫教子"是中世纪的传统理念，并不符合科学。丈夫与妻子有同样的育儿义务，并且父母共同参与才能让孩子健康快乐，人格完善。

其二，**强化父亲角色意识**。相信"当爹"对于一个男人来说都是骄傲的事情，男人在外面很少说到自己的妻子，但是会经常炫耀自己有了儿子或闺女。那么在家中，请不要吝惜你的言语，是时候改变称呼了。从老公到孩儿她爸，这是一次质的飞跃。事实上，这就是心理学上所说的暗示效应。丈夫向父亲的转型，需要一个过程，这需要妻子的参与与帮助。当丈夫出现在孩子的视野里时，我们要热情地说一声，宝贝，爸爸来啦！相信这句话就像充电器一样，让你的丈夫变得精力充沛。

其三，**共同承担家务与抚养**。全职对于儿童是幸运的，对于女性是一种比较大的负担。这种负担来源于精神上的压力与社会生活的闭塞。很多妻子因为全职变得沉默寡言，甚至与丈夫日渐疏远，最好的办法是让丈夫参与家务劳动与扶养。当然，我们需要在其中进行鼓励，毕竟很多男人不太擅长家务活。

其四，**爱与需要的表达**。中国的女性缺乏爱与需要的表达，这是与传统习惯紧密相连的。事实上，夫妻之间非常需要爱与需要的表达，因为这样可以让对方感到自己存在的价值，甚至是努力的方向。很多妻子把孩子打理得很好，会给丈夫一种错觉，他是多余的。所以，你要经常表达，自己和孩子爱他，也需要他的爱。

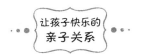
　　有太多的新家庭，太多的年轻妈妈，她们虽然承认了丈夫是孩子爸爸，却没有给爸爸展现的机会。丈夫还是像以前一样，早出晚归地上班下班；睡觉变成了一个人，睡眠质量也没有受到丝毫影响；家里多了一件小玩具，想玩就玩一会儿，不想玩就在电脑上继续工作……年轻妈妈感觉非常委屈，她为爸爸着想，又辛苦带孩子，丈夫怎么就没有一点"表示"呢？有意思的是，丈夫做着原先的自己，她觉得把妻子安排在家看孩子非常正确，因为女人嘛，就应该做这些事情嘛！如果妻子抱怨，丈夫会说，我在外面挣钱多不容易啊！你不就看看孩子吗？丈夫与妻子的关系被埋下了深深隐患。

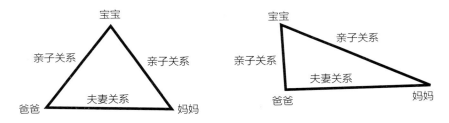

两种不同的家庭关系

　　在家庭支持系统里，亲子关系与夫妻关系应该是等长的。
简单来说，你替丈夫做了父亲该做的事情，非但不会对丈夫有好处，还破坏了丈夫与孩子的关系，进而也会影响到夫妻关系。要做的其实很简单，就是让丈夫回到父亲这个角色上来，共同进行孩子的喂养与教育，当然，要配合一些鼓励与暗示。鼓励不是说你可以做一个好爸爸，而是鼓励丈夫可以像妻子一样完成家务活动。暗示比较容易，就是经常在与孩子对话中，提到"爸爸"，这样丈夫会有一种存在感，当然也是归属感。

亲子关系不是母子关系。很多专家都认为必须注意母亲与孩子的亲子关系，强调"母子一体化"的科学性，鼓励母亲陪伴、母乳喂养、母子同床……这本身无可厚非，但是这样做并不是说孩子的培养与成长问题由母亲一个人来完成。事实上，父爱对于孩子的成长也非常重要，男性天生会给人一种安全感，男性的勇敢、坚强、刚毅的品质也会对建立孩子完整的人格有着重要的帮助。除此之外，父亲与母亲不同的视角对于孩子了解自己、了解世界提供了更多的选择与空间。我们会在以后的时间里，和大家分享如何建立更好的"新家庭关系"——家庭支持系统。

丈夫不是育儿助手，而是育儿达人。丈夫应该做什么呢？我们看到过很多育儿图书，非常详细地介绍母亲应该如何成为育儿达人。很多母亲一个人承担，暗自叫苦。还有一些母亲成为了育儿的女王，父亲成为了助手，甚至是仆人，这也是不对的，这样很可能导致丈夫的心不在焉。应该积极地让父亲参与育儿活动的设计与实施。建立父亲的形象，对于丈夫的人格发展有着很重要的作用。同时，父亲的一些思路与想法和母亲有很多不同，相信用心的父亲一定可以成为育儿达人。

很喜欢马克思·惠特海默说的一句话，整体大于各个部分之和。家庭支持系统就是将父亲、母亲与孩子三个部分紧紧整合在了一起，形成一股巨大的合力。有的时候，亲子之间解决不了的问题，家庭支持系统可以做到；有的时候夫妻关系解决不了的问题，家庭支持系统可以做到。这一定是个值得探讨和有兴趣的话题。

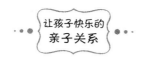
5. 好的亲子关系，让孩子走得更远

亲子关系是亲子之间的心理距离。距离的远近客观反映出亲子之间的依赖程度。距离近，表现出亲子互相信任；距离远，表现出亲子各自的独立性。

父母给予孩子无条件的爱，有助于促进孩子的归属感，培养孩子独立性，有利于他心理上的成熟。由此可见，亲子之间的依赖性与独立性缺一不可，就像糖与盐，两种截然不同的味道，却都是健康不可或缺的元素。总体来说，6岁之前以"糖"为主，6岁以后以"盐"为主。6岁之中就要做好儿童心理独立的一切准备。

如今，依赖父母的孩子比疏远父母的孩子要多得多。有些父母对孩子过于不放心，导致了孩子长大后很大的社交障碍。他们会产生很强的自卑感或自负感，并在与他人的沟通中给对方带来极大的负担。也可以说，这些人从小到大生活在父母的光环下，就是到了成年，他们也没有学会独立生存。这在大自然中是危险的，在残酷的社会竞争中同样是可怕的。父母保得了一时，怎可能一生守候？

孔子曾经提出一个成功模式——修身、齐家、治国、平天下，讲出了一个人的发展方向，即由个人向外辐射到全世界。

随着时代的变迁，我们不需要所有人都具有治国平天下的雄心壮志，但我们需要扩大自己的人际交往圈，使得每个人得到最大限度的发展。对于孩子来说，他们必须冲破亲子这个圈。

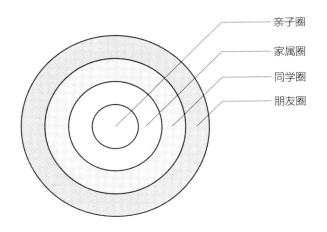

儿童需要独立，就必须突破"同心圈层"，突破的圈层越多，他的独立性越强，也可以说他适应社会的能力越强。

父母需要为儿童"开小门"，把他们从你的身边"放出去"！如果0～6岁亲子关系是良好的，就不要怀疑孩子与同学、小伙伴的交友水平。有些家长总嫌孩子与邻居孩子们贪玩，这是不对的。孩子在玩耍的过程中，也锻炼了人际交往能力，为日后参与社会工作打下了基础。我的建议是，鼓励他们并创造机会让他们和陌生的孩子接触。在我上幼儿园的时候，母亲经常带我去北京游乐园。在排队等待的时候，母亲会有意识地让陌生的小孩儿和我认识。例如，她买了两串羊肉串，便给我和陌生的小孩一人一串。而那个男孩的母亲也给我们两个小孩一人买了一根台湾烤肠，就这样我们竟然开心自然地聊起来了。还有一次印象更加深刻。在游乐园看到一对非常漂亮的母女。我

的母亲大步流星，与那对母女说，希望小女孩能和我来张合影。就这样，一张非常羞涩的儿时倩影珍藏在了我家的相册中。长大之后，我没有害怕与女性交往，可能要感谢我的母亲，是她主动为我开了扇"小门"。

父母在孩子心中的地位神圣却可能动摇，还请各位家长做好心理准备。在人际关系中，最远的是路人，最近的却不是亲子，而是爱情。爱情是最近的心理距离，这也可以认为是孩子完全独立的真正标准。爱情的吸引力真的会超过亲子的吸引力，父母也许会因此而产生一些嫉妒与失望。这也是自然现象了！不过，我们作为父母的，当然要豁达一些，多为我们的孩子祈祷祝福吧。我们发现一个有趣的问题，当儿女成立家庭后，父母的依赖性开始陡然上升，他们从来没有像这样孤独与脆弱。可以说，此时的父母需要对自己进行调节，我们也应该冲破亲子这个圈。有的家长总是不肯打开亲子这道闸门，孩子的叛逆心理也就成为破坏亲子关系的洪水。

6. 亲子教育为孩子搭建了发展的舞台

教育是什么？教育家、专家、"砖家"各执一词。也正因为如此，我敢斗胆谈谈我自己的想法。我这个人有一个毛病，做一件事情一定要思考它存在的意义——用一个时髦的词叫做"市场定位"。当教师的时候，我就一直在想，教师，为什么会有这么个职业？它有什么意义？索性《师说》开篇就告诉了，"师者，传道授业解惑也"。大师一言以蔽之，不给我们晚辈任何发挥的空间了。把知识与学问概念化、教条化恰恰是几千年的教育习惯，或者说这就是现实中的教育。随着时代的进步，主要是儿童的智力发育水平与教育之外的社会资源飞速发展，让"教育"本身措手不及，逼迫"教育"进行自我反省与自我改良。

比如，家庭教育。这个词语在几年前还被认为是一种大学生兼职或者教师拉私活的行为，而现在，却被认为是教育体系（即家庭教育、学校教育、社会教育）中很重要的一个环节。亲子教育要给孩子搭建舞台，那么，如何给孩子搭建一个发展的舞台呢？我想可以从三步走。

1. 发现孩子。

作为家长，我们要发现孩子的优势。通常我们可以采用观

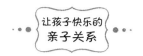
察法、实验法与访问法。

　　观察法：观察法就是对孩子自身条件的充分了解与调研。在幼儿时期，我们可以通过全身观察发现他的各种优势，如手指是不是很长，嗓音是不是很洪亮，身体是不是很好动，这些孩子无意识表现出的信息，恰恰是他们潜能的密码。除此之外，我们还可以观察孩子对什么更感兴趣，有的孩子能够盯着动物看很久，有的孩子可以跑很久而不觉得疲惫，有的孩子喜欢自己唱歌给自己听，有的孩子特别善于和别人聊天——在贵人眼中的常人之处，在凡人眼中却很可能成为厌恶之为。关键是一方面家长要把自己当做孩子的贵人，一方面也要努力让自己成为一个兴趣广泛的人。

　　实验法：只有吃到梨子才能知道梨子的味道！此语甚妙！你怎么知道孩子不喜欢？你怎么孩子不适合？如果有条件，有机会，应该让孩子多去尝试不同的学习内容。邓亚萍的身材根本不是一个运动员应该有的身材，父母的尝试让她成为了世界冠军。貌似不符合规格，却并不代表不适合。其实谈恋爱也是这样的，你觉得你不配人家，你没试过怎么知道？就算不适合，也让你长了经验，丰富了生活，拥有了美好的回忆。当然，最好的实验法是亲子活动，亲子一起从事运动、阅读、游览等，好处不容分说。

　　访问法：这是我认为最好的方法。在家长眼中，孩子都是唯一的。我一直提倡客观教育，即家长用最公正的眼光，最公平的姿态来对待孩子。事实上，我身边的同事，包括我自己，也很难做到这点。有没有一种方法可以弥补不足？有！就是通过访问法来了解孩子。访问的对象要具备一定的数量和可信度，这一点和调查问卷是很像的。问问各个领域的过来人，他们可以为孩子做一些简单的诊断，我们集合大家的思路，从中分析出孩子的优势在哪里。

2. 询问孩子。

伯乐发现千里马，可能要询马主人的意愿，贵人发现奇才，势必询问奇才自己的想法。这里面存在两种情况：第一，孩子很认同家长的发现，并努力进行优势方面的学习；第二，孩子并不认同。这点尤为常见，也让家长很头疼。在我很小的时候，母亲发现我的手指很长，于是要求我学钢琴。在我不知道的情况下，给我买了一架钢琴，给我请了一位大师，给我买了很多琴谱……那叫一个烦啊，学习还弄不过来，又让我学这个！嗨！印象最深的，就是妈妈拿着毛衣针逼着我练钢琴。如今我当着朋友弹琴的时候，神态潇洒，自信满满，还要归功于当时母亲的严厉——问题是，包括我的母亲在内，我们在准备培养孩子一项技能的时候，总是忘记与孩子进行交流。也许孩子不能一下子明白您的良苦用心，您要对他进行循循善诱。譬如，为孩子描述学习的愿景，就是最好的教育。如果我的父母能够将学完钢琴之后的好处陈述给我，即学好钢琴可以让我成为一个怎样的人，我一定会更加专注而愉悦地学习钢琴。

3. 搭建舞台。

台下十年功，台上一分钟。中国的教育始终在强调刻苦的重要性，却不重视实践的重要性。我在学校工作的时候，我经常组织学生们参与社会实践，经验都是从实践中来，学有所用就是对学习有用最好的诠释！我在小学尝试建设学生会，成立宣传部、卫生部、学习部、综合实践部等部门，让不同的孩子在不同的岗位上得到锻炼。以卫生部来说，我让四年级学生独立策划全校卫生检查，如果有需要可以咨询卫生老师，小小的"卫生部部长"和自己的"同事"经过一个月的准备，设计好了相当完善的卫生评比计划，对全校教室、教师办公室、甚至

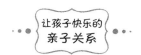
校长办公室进行了检查与评比,并作出了令人信服的评比报告。搭建了这个平台,锻炼了很多学生的很多能力。

家长搭设的舞台同样可以锻炼孩子!比如组织家庭联欢会,小朋友联谊会,让孩子在人面前展示自己的小特长。在条件允许的条件下,向更多的人介绍孩子的优势与特长。记得我上小学的时候,母亲主动找到班主任,告诉她我从小唱歌很好,有这个兴趣爱好!班主任有慈心,把我推荐给了合唱队,我便得到了更大的发展平台。

很多家长觉得学生时代就是学习!其实这是不正确的观点,学习是信息收集的过程,好比往一个杯子里倒水。然而水的作用不是放杯子里供欣赏或储藏,而是供大家来喝的。我们还应该让孩子把杯子里的水倒出去,体现水的价值和人的价值。有很多大学生缺少求职能力,在很大程度是因为他们只有接水的能力,却没有请人喝水的经历。

接受知识、发挥能力、表达情感这三方面对于儿童成长来说是"三驾马车",缺一不可。这一点其实也体现在了我国新课改的要求上,每一堂课都有自己的知识目标、能力目标、情感目标。如何实现三者的有机结合或层层升华,是教师们应该考虑的当前任务。但是我更想说,教育是主动的,学习就是被动的,教育若提供了一个舞台,学习就是主动的。

我们应该少给孩子一次教育,多给孩子一次机会。

突然有了一个灵感,想到了老子的一句智慧之言,"虚怀若谷"。是的,教育应该是虚怀若谷的,你给孩子一个空间,一个舞台,你就是孩子的贵人,你就真正帮助到了孩子。

7. 亲子训练让儿童拥有创造力

　　民族要进步，家庭要致富，个人要发展，离不开民族的创造力，家庭的创造力，个人的创造力。我们平常说的创新意识、新意、灵感、发明、杰作等都是创造力的范畴。没有创造力，就没有发展，没有创造力就没有幸福。就拿苹果手机来说，它是乔布斯的创造力体现，也是苹果团队的价值与结晶，它让乔布斯名垂千古，让苹果团队的人致富，让全世界手机用户得到惊喜体验……小的创造力，获得小的发展；大的创造力，拥有大的成功。无论是国家、社会、企业、家庭，这个世界需要有创造力的人。唯有创造力强的人才能获得更多的尊重、价值感与社会资源。

　　简单而言，创造力就是人的综合能力。换句话说，创造才是真正的能力。在《孩子独立"靠"父母》中，我提到过"能力在于运用，情感在于表达。"只有运用了，或者说参与实践了，才能证明拥有能力。从这个角度讲，创造了才能证明具有创造力。就像米尔曾经说过，"世界上所有美好的事物都是创造力的果实。"但中国还有句老话，叫做"教曲唱不了曲"。你会发现身边有很多创造力很强的人，为什么他能想到这个？为什么她可以完成这个策划案？就算你一味地询问与模仿，总是不能把创造力学来。因为创造力是人的恒定的个性心理特

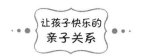
征，它的存在是长期习得、培养与内化的结果。我非常否定"成功可以复制"这一言论，人和人的成长环境、教育背景、社会关系不一样，你去模仿简单的行为或生活方式，可以获得同样的成功吗？我敢说，创造力是个人历史的产物。每个人拥有不同的历史，也就拥有了不同的创造力。究其源头，在于儿童时期，尤其是亲子教育时期。

儿童是天才，是教师，是发明家。他们本是有无限想象力空间与无限创造力的，但是有一部分是合乎社会规律、合乎逻辑性、合乎个人发展特点的，另一部分是无拘无束的、异想天开的、过于偏执的，关键在于我们是否全面而正确地了解孩子，合理又合情地给他们一个平台，一个供创造力扎根发芽的土壤。

创造力不是学来的，也不是教来的。它天生是一种表达。你可以看看儿童包括大人的创造力都是各种身体器官的表达，包括歌曲创造及演唱、绘画、发明制作、舞蹈、运动……每个人有不同创造的潜质与发挥，但归根结底是人的表达。你的表达出于你的梦想、愿望或想象。没有梦想、愿望或想象的人，就没有创造力。而有意思的是，人的梦想、愿望与想象也不是现实中说有就有的，而是源自儿童时期，尤其是亲子教育时期。

无论从能力的层面，还是表达的层面，创造力的培养就是要回到儿童时期，家长才是儿童创造力课的老师。我在学校当老师的时候，跟学生家长交流过一个能力与性格的产生过程，如下图所示：

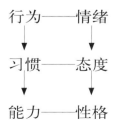

行为——情绪

↓   ↓

习惯——态度

↓   ↓

能力——性格

性格的养成我们今天不去谈，能力的出现是源自个体行为的。个体行为恰恰是在亲子时期进行培养的，在建立好了这种意识，我们来看看和创造力最相关的几种基本训练——看、听、想、问、做、说。也许你会惊讶，创造力这么高端的字眼怎么会和这么简单的动作有关系呢？其实不然，量变是质变的基础，基础功课做好了，能够组合起来，创造力的产生便水到渠成了。这也就是我一开始提到的概念——创造力就是综合能力。在接下来的时间里，你会发现这些简单的动作（或说能力），是与创造力如此息息相关，他们的确是创造力的源头。

第一，多看。视觉本是感统能力（视觉、听觉、本体觉、触觉、运动觉）中的第一位，可以说是人最基本的能力。孔子曰，察其言，观其色。说的就是多看。在我们获取外界信息的过程中，眼睛承担了一半以上的任务。在各个阶段，看的内容有所区别：

0～3岁看是为了训练视觉，为将来获取信息打造良好基础。我们可以使用黑白棋布、太极球进行训练，也可以通过观察鲜艳标准的颜色，进行视觉锻炼。一般来说，孩子会对红色最先适应，因为红色波长最长，容易被眼睛捕获。红、橙、黄、绿、青、蓝、紫的波长依次变短，我们可以根据波长的由长到短让孩子逐渐接触各种颜色。此时的训练为日后的观察力提供了保障。

在3～6岁，儿童已经具备了基本的视觉能力。我们可以利用这个资源，展开深入的亲子教育。亲子教育包括很多种，亲子阅读、亲子沟通、亲子运动等，这里当然是亲子阅读。亲子阅读的好处，其一，提供良好话题，建立良好的亲子关系。其二，训练儿童情商，提供人际交往技巧。其三，获取独立意识，提供适应环境的方法。其四，获取信息，激发想象力，提供创造力源泉。

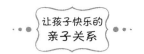

前三点我在以前的博文中说过，不再赘述。第四点是阅读对于创造力的贡献。无论儿童，还是大人，我们获得直接经验的时间与精力有限，读书是获得经验与方法最捷径的方式。无论你想从事什么行业，读书是让你告别门外汉的捷径。

除了亲子阅读，还有亲子游览。其实，游览或参观何尝不是一种好的学习方式呢？有一个词叫做"见多识广"，还有一句话说，"读万卷书，行万里路！"可见你看得多了，你的创造力地基就会越深，你的创造力大楼就会越高。多带孩子见识大好河山或大场面，一定会让孩子受益终生。另外，对生活中的小细节的观察也是对孩子很好的训练。灯管为什么会一闪一闪的？家里的花木为什么会长出蘑菇？天上为什么有的星星大有的却小？如果你对这个感兴趣，你一定会驻足观看，同时也会影响到你的孩子。

第二，多听。听，谁不会？一般人都不会听。在如此浮躁的社会里，大家更容易去说，说自己想说的，不管别人爱不爱听。"倾听"是一种心理咨询技巧，现在更多人把它视为一种美德了。听与看一样，是获取信息的源泉。不同的是，听比看要高级些，为什么这么说？看是主观的表现，听却是客观的表现。听的人，是求学的人，是被人喜欢的人。听可以获得较为直接的经验，并且是被总结的经验，这是宝贵的。

胎教的时候，医生总是让我们和孩子对话。当然也有一些学者认为意义不大。我的想法是，胎儿的倾听还是对孩子有所帮助的，这个帮助不是获取信息，而是受到一些初期的听觉训练。需要注意的是，胎儿需要接触不同的声音，母亲的、父亲的、规律的、不规律的、大声的、小声的……这是很好的训练。

0～3岁，听觉训练也是感统训练中的重要一项。不过除了一些先听畸形或器质性病变，听力在父母简单的游戏中，可以很好地得到锻炼，为日后获取信心创造基础。

3～6岁，"听"显得非常重要，就像我们经常说的，"会听的孩子，才会说。"在亲子教育中，我们逐渐教会孩子们"听"这项基本的生存技术，主要的方式是亲子沟通。听与说共同构筑了沟通。你的"说"有时候很大程度决定了孩子听的水平。孩子该听些什么呢？

1. 共同的话题。发现孩子的感兴趣的话题，并和孩子深入探讨。

2. 鼓励参与陌生的话题。主动要求孩子来听一些陌生的话题，而不是让走他。孩子天生的猎奇心理会让他们更爱通过听关注更多领域。当然，这也包括多带孩子去拜访朋友。

3. 故事或典故。饶有兴趣地在孩子的周围念叨故事或典故，耳濡目染，形成习惯。

4. 音乐与各种声音。学习是一种体验的过程，体验得越多，素材就越多，为创造力的产生添砖加瓦。要知道，人是记忆的动物，幼年时期的声音会储存在神经细胞的深处，直到成年再一次听到便会产生"似曾相识"的喜悦感。

第三，多想。学而不思则罔，思而不学则殆。孔子的这句话一针见血地指出思考是学习的助力。古代有很多人认为学习是件苦差事，诸如"吃得苦中苦，方为人上人""头悬梁，锥刺股"。这是对于学习的错误认识，对后世的影响很坏。孔子的话应该需要从积极的一面去想，即"学而思则不罔，思而学则不殆。"叔本华曾经说过"从事与精神、文化相关职业的人更容易获得快乐。"认知心理学取代行为主义的统治地位，也就在于他们认为人在获得信息之后，要经历转录、加工、存储、

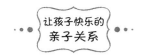

转出的过程。"转录""存储"与"加工"是脑生理结构决定的，而"加工"恰恰就是我们所说的"想"这个环节。"想"，可以让我们获得学习乐趣，促进我们的学习行为；可以让我们学有所备，为今后"学以致用"做好充分准备；可以让我们发现自己的缺失，就像胡适先生说的"读书是为了读更多的书"。

想象是创造力之母。没有丰富的想象力就不可能拥有傲人的创造力。之前，我写过一篇博文《用愿景点亮亲子教育》。讲的是我们的教育应该具有想象力，培养孩子建立自己的美好愿景，让愿景成为孩子学习的内在动力。如果说创造力是盖好的一栋楼的话，想象则是钢筋结构。一旦拥有了良好的想象，你的创造力发挥就有了方向。对于孩子来说，家长需要注意以下内容：

1. 带孩子去体验各种活动，不必带有较强的功利性。

例如，在商场做一次沙画，玩一次滑雪，参观一次画展。有些家长容易把功利的想法掺杂在教育当中，这是急于求成的表现。想象力的形成很多是多次体验相结合的成果。

2. 分享感受。

家长可以适当做一些引导，这里的引导不是目的性的，而是知识牵引性的。带孩子去动物园时，当孩子看到了黑猩猩，你可以说，"宝贝，你看这和刚才我们看到的什么动物比较像啊？""他们有什么共同的特点吗？""你比较喜欢哪一种动物呢？"针对一个问题，要问得深入而生动，激发孩子深入的思考。当儿童在想问题时具有一定的"黏性"时，想象力自然会轻松地迸发出来。"妈妈！我觉得猴子和黑猩猩是一家人！"

3. 鼓励思考。

我在之前的文章中，也经常提到"精神奖励"的问题。很多年前，我们采用物质奖励，之后专家否定这种做法；又过了一段时间，专家认为应该提倡"精神奖励"，认为这对于儿童有更多的好处……在我看来精神奖励与物质奖励在本质上是一样的，奖励过多同样会出现依赖。我提出过"学习不需要精神奖励"，很多人表示疑问。学习本是应该做的事情，为什么要鼓励呢？该鼓励的是孩子的努力，而不是学习本身。除了努力之外，值得鼓励的美好的品行和思考——因为这对于儿童而言，是难能可贵的。

4. 支持表达。

多想会带来烦恼，唯一的出路便是表达。很多家长鼓励孩子思考，却停止于此。殊不知"想"是创造力的分水岭，但并不代表已经具备了创造力，我们会在后面的"多做"中具体来讲。

第四，多问。多看，多听是获取基本感知信息的环节，而看一个儿童的智力发育是否达到较高的水平，或者说思维是否达到较为理性的层面，还要看她"问"的水平。创造力的发挥是一个有明确目标的计划，"问"让儿童离"成功"又进了一步。在"想"的基础上，"问"变得更加地具有个性化、具体化与指向性。如何指导孩子发问呢？

1. 鼓励孩子在各种场合、各种地点发问。

这让我想起了孙中山小时候读书的那个故事，老师只是要求孩子们背书，却根本不给孩子们讲。所有的孩子"看了"，"听了"，也"背了"，不能说没有获得一点收获，然而这种教育只能培养庸才，而培养不出人才，因为他们拥有模仿力，而没有创造力。孙中山在不怕老师体罚的情况下，问了老师书中的意思，这可以验证孙中山不仅是一个多看、多听、多想的人，

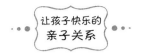

还是一个勇敢的人。后来孙中山这句话也成了一句名言，"学问，学问，不懂就要问，为了弄清道理，就是挨打也值得！"

2. 进行提问的训练。

记者这个职业，最需要的是"问"这项基本功。你如何以最轻松、最简洁、最生动的语言问出对方最真实、最充足的信息。我们应该在早教时期，对儿童进行"问"的训练。比如面带微笑、表现亲和、提问要开放式、积极关注对方等。

3. 为儿童增加提问的机会。

在得知孩子对某方面感兴趣之后，要为孩子引荐这方面的成功人士或有经验的人士。人们总会对信服的对象有更多的访问欲望，儿童也是如此。

第五，多做。创造力的归宿依然是"做"。多看、多听、多想、多问是层层递进的关系，但很多也是交替而反复进行的。创造力最终需要体现在多做上，这一点无可厚非。如果说之前的内容是在处理理论上的问题，多做才是开始实践的环节。很多儿童，甚至我们家长有一种"成功怪圈"。大家总是认为做一件事情必须把"成功"设定为目标，或者说一个计划只有成功了才算胜利。这是不太合理的，因为同时参与这件事情的对手也会很强大，我们也会遇到或多或少的干扰因素，我们可以把"接近成功"设为目标，这样一来，功利心态会下降一些，我们也会在努力的过程中进行调整。比如儿童学习钢琴，你不必给她设定今年必须考过2级，但是我们可以朝着2级去努力，我们的重心要放在儿童对于音乐的理解与欣赏上；儿童学习绘画，你不必要求她今年在哪里展出，但是可以朝这个方向努力，我们的重心也是放在儿童对于绘画的兴趣与尝试上。做是为了今后做得更好，我们要有意识提前做，要有意多做，要有意识等待迟来的成果。这种心态对于儿童的创造力培养也是非常关键的。对此，有以下几点"做法"供家长参考：

1. 记录。

很感谢我的初中语文老师，她当时聪明地要求我们写"随笔"，而不是写"日记"。随笔可长可短，贵在随时随心。将自己看到的、听到的、想到的、问到的，及时记录下来，在大脑中形成深刻印象，付诸笔端留下一手资料，为日后创造力的发挥奠定了良好的基础。

2. 亲子互动。

之前我们提到了亲子沟通、亲子游览，这里的互动主要是指一些有目的的活动。与孩子一起做拼图游戏、搭积木，与孩子一起绘画等，用我们的激情调动孩子的激情，用我们的执著促进孩子的执著。其实，每一种"做"的尝试，都是对于孩子创造力灵感的积累。我们可以在与孩子的各种活动中，发现孩子的优势与特长。

3. 鼓励孩子独立的"创造"。

我非常感谢我的母亲，她总是允许我在很白很好的本子上乱写乱画。其实，这些涂鸦是孩子创造力的雏形。乱写乱画中，他们在摸索自己的艺术表达形式。在心理学上，非常看重儿童的绘画表达，认为是最接近内心世界，最体现心理渴望或困惑的表现形式。除了绘画，孩子也可能会哼哼歌曲，做个小发明，甚至用石子摆出简单的造型——这些做法都是创造力的体现。

4. 指导。

当你发现儿童有某些创造力表现时，一定要加以格外的关注。一方面，要表示欣赏；另一方面，需要找一些有经验的人进行指导，看看孩子有没有这方面的潜质，是否可以继续"深

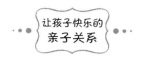

造"。

第六，多说。 鼓励孩子说出自己的创意与想法，这是希望孩子可以在表达的过程中，理清自己的"创造思路"，并且可以得到更多人的建议与意见，更好地发挥个人的创造力。此外，对于创造力的展示亦是对儿童创造力的鼓励，鼓励他们进一步增强自身实力，拥有更新更好的作品。可以尝试以下经验：

1. 开家庭会议。

开一些有趣的家庭作品分享会，家庭读书茶话会，让孩子当着家人面表达自己的创造成果，分享自己的创造成果。当然，有些作品可能是亲子共同完成的，那样就可以一起分享，增进亲子沟通。

2. 让媒体说话。

前一段时间我写了一篇关于新媒体教育的文章，受到了很多家长、老师的好评。新媒体应该成为教育的补充资源，家长、教师应该有意识地将学生的作品推荐到媒体上，这对于学生自身的发展，还有社会良好氛围的建立都有积极作用。

多看、多听、多想、多问、多做、多说，就可以做到会看、会听、会想、会问、会做、会说。在教育的过程中，我们要注意整体性，即这些基本训练项目并不是割裂而独立的，他们是一个有机的整体，内在有着密切联系。他们整合在一起，就叫做"创造力"。站在创造力培养的高度，我们可以更好地教育我们的孩子们。

我们要给孩子更多的机会，他们才可以比原来更强大；我们要给孩子更多空间，他们才可以比原来更爱思考；我们要给孩子更多的平台，他们才可以具有更多的创造力。

~ 37 ~

第 *2* 章

不得不重视的亲子人格

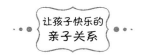
1. 父母就是孩子的心理咨询师

　　很多家长在困惑一个问题，如何理解孩子？理解孩子究竟对于教育方面有多重要？理解是孩子健康成长的一部分？还是孩子的一种需要？理解应该是双向的，还是单方向的付出？什么才算理解呢？

　　这些问题，在亲子问题咨询上尤为常见。事实上，"理解"二字天天挂在嘴边，却很少有人践行。当然，也就只有很少的人可以"享受"到它了。我想，可以享受别人的理解，也是工业社会背景下的人的一种福祉了。

　　理解究竟是什么？估计问一千个人，会有一千种答法。幸好，我们有一种权威的工具叫词典。词典中说理解就是据理了解。通俗来说，就是根据道理去了解。这样说来，"理解"与"了解"的区别，不过是对他人信息"深加工"与"粗加工"的过程。诚然，理解与了解的本质都是对于某人或某事的关心，但理解真的就是了解的简单升级吗？我想，答案肯定是否定的。在日常中，我们听到"理解"和"了解"这两个词，我们会明显感到不同的气场，"理解"中夹杂了更多的情感成分，一种让人体会到温暖的力量。"理解"不是"了解"，它不是单纯的心理活动，一定伴随一些"行动"，这正是它与"了解"的区别。

我觉得，理解是对他人的需要作出合理化的解释。很显然，"合理化"标志着理解是一个高级的心理词汇或心理现象。不可否认，理解是难的。作为咨询师，我们经常会使用"你说的，我理解"这句话。有些人把它当作了咨询技术，其实在这句话之后，真的应该给咨询者一种科学合理的解释。心理咨询师利用心理学知识解读了求助者的烦恼，如我为什么看见某个人就会恐惧？我为什么总对考试焦虑？如果真正理解求助者，就要彻底了解他的过往和基本资料，然后给出一种来自心理学的解释。当求助者听到科学合理的解释后，便会减轻大部分的心理负担，解决个别心理问题也就变得容易多了。

从某种意义上说，父母就是孩子的心理咨询师。也许我们不懂弗洛伊德的精神分析法，也不懂罗杰斯的人本主义理论，但是我们同样可以运用一些简单的心理技巧，解决儿童的烦恼，塑造儿童健康的人格。"理解"就是对孩子的一种心理辅导，它是基于对孩子的了解。只有充分地了解孩子，才知道哪些是他们的不足。我们站在家长的高度，会比孩子更轻易地发现影响他们发展的障碍物。也可以预言，将来他们必会因为某些烦恼而向我们求助，而我们早已想到了对策，可以完全"理解"孩子。

我们可以通过了解、理解、建议三步走，对孩子进行支持，这与荣格的心理分析过程相似，但缺少了个人阐述阶段（弗洛伊德阶段），因为儿童本身就处于弗洛伊德阶段。

了解是最基础的环节，也是最重要的环节，从这个环节中，我们可以清楚地知道儿童的需要。经过我的学习，设计了一个"漏杯理论"，希望能给家长朋友们提供一些思路。

我曾经跟我的学生说，没有一个人生下来是一件完美的工

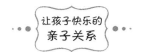

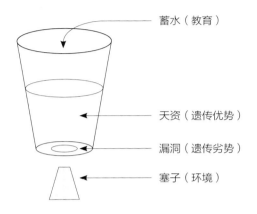

艺品，我们要做的，就是用一生的时间来修缮自己。就像上图一样，我们每个人生下来就是一个残缺的杯子，杯子下面的漏洞不是你想要的，但是它是客观存在的，它代表遗传。

遗憾的是，我们父辈、祖辈赐予我们的天分、天才都会随着他们同样无偿赠予的"先天不足"而流失了。这就是为什么，我们总觉得力不从心，能力发挥不出去，情感表达不出来，理由便在于此。所以，你首先要了解父辈、祖辈给你哪些超人的潜质（如父母良好的性格、气质、能力等），同时，你也要了解父母的一些不良心理习惯、生理习惯以及行为习惯。比如父母性格暴躁，又具有血压高的症状，他的孩子从小就要注意克制自己的脾气，这就是遗传漏洞给我们带来的麻烦；另外，智力水平也有明显区别，试验表明，父母接受了良好教育，他的孩子一般在分析、理解问题上会比较有建树。

然而，值得庆幸的是，上帝赐给了我们一个"塞子"。这个塞子就是用来弥补遗传这个漏洞的，它的名字叫做环境（这个环境是泛指的）。有些人不喜欢周围的环境，有些人逃避环境，其实都是不适应环境。而不适应环境的原因就在于他根本不了解自己所处的环境。在我看来，环境就是个人与他人、集体、社会的互动关系。我们应该尽可能地为孩子创造良好的家庭关系、邻里关系，如果环境已不可控，则可以效仿孟母——搬家——寻找一个新的"塞子"。

大多数人重视教育，但并不了解教育。曾经有人说，教育是教师的天职，我看这是片面地理解了教育与教师的概念。教育即教书和育人，教书是对前人经验的一种传授，意思是不让我们的孩子忘了老祖宗的文化；育人实际上是更高一层的要求，而这项要求不是靠教师一个人可以做到的。它需要家长、社会、政府的配合完成。现在新的课程标准对教师的要求是"教学相长"，意思是在课堂上教书的过程中，学生有所提高，教师也应该有所收获。我将其"发扬光大"，认为教师、学生在课堂上应该是一种"平行"关系。在真理与知识面前，我与学生都是探索者，我们一起朝着未知领域迈进。在我的课上，学生永远不是观众，他们是主角，而我是配角兼导演。同样，在家中，我们做家长的，不要视孩子为有趣的玩偶，也不要把他们看作是待命的小兵，您要把他首先看作是一个独立的个体——人。**给予他尊重与肯定，在很多时候，您和孩子不如保持一种"平行"关系——将平等的观念植根于他幼小的心灵。向他倾诉您工作的疲惫，也倾听他学校的生活；为他做好美味佳肴，也希望他能够做些简单家务；谈谈您对生活的看法，也让他说说对生活的盼望。**简言之，要给他话语权，这是让他学会负责，而不是依赖。这种"平行"的家庭教育将会让您的孩子受益一生。

了解的内容如上所述，遗传、环境、教育都是孩子成长最基本的信息，只有基于全方面的了解，才能知道自己的孩子"短板"在哪里？当孩子问到一些具体的问题，你应该运用科学的知识去解释，用平和的心态去回复，这才是理性的爱。

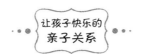
理解就像上台一样，台上一分钟，台下十年功。为了儿童的健康成长，我们需要有太多的知识储备。哄骗或者敷衍、恐吓，都会在不同程度上对儿童造成心理伤害，更会对他日后的行为方式造成负面影响。

建议就是根据了解、理解，对孩子设计的目标提供可操作性的方法。这需要父母更多细心的观察和认真的学习儿童心理学等相关知识，为儿童发展做出"真正"的贡献。请记住，有些看似对孩子好的语言并不是建议，如"你就应该好好学习！""你得变得积极主动一些！""困难像弹簧，看你强不强，你强它就弱，你若他就强！"貌似语重心长，听如循循善诱，不过是我们家长在变相地抱怨孩子。孩子在听到这样的"建议"后，依旧是一头雾水，反而更加厌烦与叛逆。可以说，我们在说出这样的话时，我们也不清楚应该怎样去做。我们的"强词"裹上了我们关心的糖衣，显得顺理成章。而事实上，只有建议才能让孩子体会关心，只有建议可以真正帮助到我们的孩子。因此，我建议，如果遇到我们不能够解释或引导的问题，还是应该实事求是地寻求心理咨询师、教育咨询师，甚至专家的帮助。他们可以为你的孩子提供可操作性的方法，解决你的燃眉之急。此外，"求助"也是一种人生的智慧，让孩子明白，个人的成长或成功，总会需要外界的帮助。

可以说，心理咨询是一项专业技术，如果能够运用到亲子教育当中去，必然会给儿童成长带来不尽的好处。家长的支持就是孩子最大的社会支持系统，这让儿童真正感到内心的温暖，并使得家庭成为了他奋斗一生的力量来源。

$\mathcal{2}.$ 服从期训练与性格面具

　　明明刚上小学不久，有很多不适应环境的表现，据老师反映，如果同学们一起走路，他会严格要求自己走直线，吃饭的时候也不允许米粒掉在桌子上。他似乎时刻在给自己打着分数，整个人变得非常紧张。妈妈在家里观察明明，发现有的时候明明左手碰了一样东西，右手也要去碰一下，明明告诉妈妈，他的大脑中总有一个声音或想法让他去做自己不愿意做的事情。明明的妈妈表示父母都是接受高等教育的父母，从孩子出生到现在一直给孩子营造一种宽松的环境，由于了解心理学相关知识，从没有对孩子过度严厉或过分要求，不明白明明为何成为现在这个样子，非常着急。

　　在这个案例中，我们看到了明明很多"强迫"行为，如严格要求自己走直线，不允许米粒掉桌上，给自己打分，要求自己右手与左手的动作一样。这些行为的背后隐藏着心理矛盾，也就是我们通常说的压力。明明的压力来自哪里呢？大多数孩子的压力来源于父母，尤其是母亲的要求。这种要求将会影响到青春期，乃至一生。教师与学校对于孩子的压力被排在第二位，对于孩子性格的塑造也起到了至关重要的作用。我一直认为外界给的叫作压力，而自己给的叫动力，动力是不会给人带

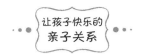

来痛苦的，很多人都认为某人太过于严格要求自己，所以很痛苦。其实不然，实际上这个人并不是因为自我要求而痛苦，而是因为太在意外界的评价与标准而痛苦。

可以肯定的是，明明的烦恼是来自于外界，在案例中我们观察到一个细节，就是环境的变化。学前与学后有很大的区别：其一，社会角色与位置的转换。在家庭中都是多个大人围着一个人转，在学校中人人平等，优越感很快降到了极点。其二，环境与制度的约束。在学前，纪律不是一个问题，而在小学，你的一言一行、一举一动都会受到老师的指导和行为守则的约束。其三，人际关系的复杂程度。在学前，孩子只需要和很少的人接触，包括家人、亲戚和自己喜欢的小伙伴，上学之后，孩子需要和不同类型的孩子在一起，你喜欢的、不喜欢的，都要和你朝夕相处。其四，权威人物的转换。学前，父母在孩子心中的偶像地位是不容置疑的，进入学校，老师成为了多数孩子的偶像，吸引老师注意，成为孩子们的一种压力。其五，学业的压力。学前不会有人把成绩挂在嘴边，进入校园，考试成绩成为了师生之间、亲子之间的固定话题。

接触了太多的心理案例，我们发现了一个共性，那就是家庭教育，尤其是早期家庭教育对于孩子的影响深远。可以说，80%～90%的心理患者都曾接受了严厉的教育与过分的约束。在上面的案例中我们并没有看到这点，却发现了近些年出现的一类新问题。

很多的家长越来越意识到，过分要求对于孩子的成长不利，转而采取了"民主式"。这个"民主"不是共商家事，而是一味地征询孩子的意见。我们在公园中经常听到这样的声音，"宝宝，你说我们吃麦当劳还是肯德基呢？""宝宝，我去买新衣服，你说好不好啊？"这样的问话表现出了家长对于孩子的尊重，但是很多家长不清楚，在 0～6 岁，并不是都适用这种"民主"的，这样的"民主"不都是科学的。

在案例中，我们可以想象到，有心理学文化背景的家长，非常尊重孩子的选择与想法，于是在孩子出生之后就对孩子进行"民主"培养，但是他们并没有意识到"过早民主"对于孩子的危害。从社会学的角度来说，每个人都需要经历社会化的过程，所谓社会化就是让人更好地习惯社会环境，有较强的适应性。从这一点来说，人要面对很多的事物，不可能总是保持一副姿态。比如，一贯强硬的人有的时候做事情很顺利，有的时候就会碰钉子；过于软弱的人有的时候受到大家的欢迎，有的时候却倍受欺负。在我看来，人大概应该有"六面"（性格面具），来适应复杂的社会环境，包括服从、叛逆、顺从、理解、支配、包容，这六面缺一不可，总保持一面都不能称之为"成熟"——因为面对不同环境，人就应该有不同的反应。

明明的父母过于民主，孩子缺少了"服从"的训练，缺少了服从这一面，也就是没有对社会的预设。在严格管理的小学校园里，本身就很理性的明明自然对于环境的约束有着很大的阻抗，所以出现这些强迫行为也是情理之中了。

不同的"性格面具"在不同的年龄段进行训练，0～3 岁恰恰是人的"服从期"，在这个时候家长对于孩子非严厉且合理的要求与管理，就是对孩子进行"服从期"的训练。能够听懂父母的言语，能够执行父母的口令，状态足够积极，顺利完成动作，是一项非常重要的基本素质。可以说工作当中经常听到的"执行力"与儿童的"服从期"的训练息息相关。不对孩子进行服从训练，导致了孩子缺少人生第一阶段的社会化，严重影响未来社会生活。

对于 0～3 岁的孩子，他们有足够的可塑性，我们能够引

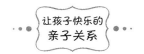

导的地方有很多，但是我们的塑造一定要符合成长规律。0～3岁是进行基本行为与习惯的最佳时期，这恰恰是进行服从训练的核心阶段。下面我来介绍一些简单的家庭训练方法。

1. 制定作息表。

无论你是否制定表格，请规律孩子的作息。无论是起床、吃饭、休息还是游戏。作息规律会让孩子身心得到正常运转，并且培养了优秀的习惯意识，在长大后也会乐于践行自己的计划与安排，更容易走向成功。

2. 树立权威形象。

在0～3岁的时候，父母需要成为孩子的"权威"。不要以为权威与霸权、霸道、不讲理是一样的。这里的权威指的是"典范"。**他们需要通过模仿来学习，来适应环境，而父母恰恰是最重要的模仿对象。**你的形象如果不够权威与正面，孩子也会失去信心，从而出现怠惰的行为。

3. 接触年纪较大的孩子。

同辈群体当然有利于沟通，但是能够和稍微大一点的孩子相处，会让孩子得到很好的服从训练。在与大孩子接触的过程中，他们更容易发现什么是好玩的，什么更有意思，从而对外界环境更加感兴趣，提高了学习动力。当然择友一定要注意。

4. 奖励。

0～3岁可以采用物质奖励的办法，因为这个时候孩子的思维方式比较感性，不会将物质奖励过于看重。但最好还是给予正面积极的奖励，或者是精神奖励，比如，奖励孩子一个拥抱。通过他感兴趣的事物来引导他完成父母教给他的任务。精神方面的鼓励对于孩子非常关键，不一定非要等到做到标准再进行奖励，真正的奖励应该是在孩子努力实现而没有实现目标的时候。

5. 感统训练与精细动作训练。

这是 0 ～ 3 岁的训练重点，通过有趣的游戏与设施，锻炼孩子的最基本能力，包括视觉、听觉、本体觉、运动觉与触觉，这些"大动作"训练是一切行为能力的基础。精细动作包括翻书、搭积木、画画、穿衣服系扣子……这些"小动作"训练能够更全面地了解你的孩子，能够更快地发现她的优势与潜能所在，从而进行更好的培养。

我们小的时候，动画片《变形金刚》里有一个角色叫六面兽，它总是变化不同的形态应对不同的对手，身手了得！面对复杂多变的社会，人也应该做到灵活多变，这样才能做到自我保护，同时也能更好地保护周围的人，从而更好地在未来社会上发展。

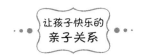

3. 如何把爱传递给抑郁质的宝宝

　　有一位母亲来找我咨询，她说话的语速很快，语势很强，使我一个擅长倾听的咨询师都有些招架不住。从这一个表现，我们就可以看出在家中，母亲是占有绝对支配地位的。在这样的家庭中，父亲往往被边缘化，而男孩子性格会稍微有些内敛，女孩子则比较容易挑剔。（请有这样情况的家长，读一下我的《奶爸经》）

　　据她所言，他的儿子小苗（化名）四年级，不太合群，也看不出他的情绪波动，喜欢和母亲待在一起，不喜欢接触父亲，因为觉得和父亲没有什么可以交流的。喜欢玩电脑，而且控制不住自己，小苗自己也觉得没办法。最近有一件棘手的事情，他和班上一个男孩子小汪（化名）走得特别近，小汪是单亲家庭，朋友非常少，由于平常比较懒散，老师也不喜欢这个男孩。小苗对这个男孩子却是热情有加，在交往的过程中，小汪教给小苗赛尔号游戏卡牌玩法，影响到了小苗的正常学习，令家长非常苦恼。母亲想劝小苗离开小汪，可是小苗认为，小汪没有一个完整的家，也没有其他的朋友，实在太可怜，这让所向披靡的母亲不知道如何是好。

　　恋母、孤僻、网瘾、不自觉、兴趣单一……当这些关键词被提炼出来，我们可以更清楚地发现这位孩子的问题，就是缺少爱。

据这位母亲所言，他们两个人工作非常忙，经常加班到八九点，孩子大部分时间由爷爷奶奶带着，这种情况一直从孩子出生到孩子上小学。我在之前的书中也有提到，0～6岁的孩子，迫切需要亲子关系的稳固与维护，经常加班不陪伴孩子的家长与离异的家长没有什么差别，孩子并没有感受到父母的存在，当然也就感受不到父母的爱了。社会上很多的问题，听起来很复杂，很难办，比如孩子的网瘾、早恋、同性恋、出走等，其实都有一个相同的出处，便是他们缺少来自父母的爱。

结合我的气质疗法，你会发现不同的孩子需要不同方式的爱，在上面这个案例中，男孩子小苗属于抑郁质，我们可以从他"看不出情绪波动"、"喜欢和母亲待在一起"、"小苗自己也觉得没有办法"、"用陪伴方式表达自己的爱"几方面进行明确的判断。他是一个安全感很差、很纠结，很自责同时又不容易自控的人，他很需要陪伴，喜欢和自己喜欢的人在一起互动，这比起奖品礼物更能刺激他。人都有一个"爱的缺陷"，总是用自己觉得好的方式去表达对别人的爱，也不问别人是否需要这份沉甸甸的爱。我们从案例中小男孩"示好"的表现，可以看出，他希望陪伴朋友，因为他最需要别人的"陪伴"。结合他的类型与表现，我给孩子的母亲提出了一些建议，希望能够帮助到她。

1. 多陪伴孩子。

既然在孩子很小的时候，有过一段时间亲子交往的空白，那么就请用最快的时间弥补它。这个家长很希望孩子能够独立，但你要明白独立建立在安全感与自信心的基础上，你的陪伴恰好可以满足孩子。

2. 用陪伴与示范的方式进行亲子活动。

我曾经提出过 CASH 交往理论，事实上沟通、活动、学习与帮助四元素分别适用于不同气质类型的人。我们拿案例中的孩子来说，他需要的方式是第二种，即活动。家长应该广泛与孩子进行互动，而不仅仅是"陪伴"而已。一些常用的方法有家务劳动、圆桌式会议、亲自运动等。

家务劳动：我无数次地强调，家务劳动是一种促进亲子关系、培养良好习惯最廉价有效的方式！在 0 ~ 6 岁时期，家务劳动即可成为孩子生活中的一部分，如果我们每一个人都表示出对家务劳动积极的情感，不会做出逃避或反感的举动，家庭也会比以往更加和谐。要强调的是，不必要求，而是与孩子一起进行家务劳动。不如在吃晚饭之后，我们可以说一句，亲爱的宝贝，我们一起做家务劳动喽！

圆桌式会议：有什么事情不可以拿到桌面上来谈呢？买车，买房，买玩具，上兴趣班，上幼儿园，上小学，这些话题都应该让孩子参与进来，**当我们非常正式地坐好时，孩子们也会珍惜民主发言的机会**，她也会非常认真跟你说出她的想法。她的参与，让她获得了家庭的归属感，也获得自信，更锻炼了她的思维能力与表达能力。说得对不对并不重要，关键是说的形式——在教育孩子中，形式有时候比内容更有价值。

亲子运动：只要和她一起参与，孩子肯定表现出无比的快乐，她喜欢和家长在一起。亲自运动的目标不简单是锻炼身体，如何遵守秩序，如何面对挫折与胜利，都是最有效的教育方式。

除了以上三种方法，亲子互动的方法还有很多，希望我们都能够自我开发，自我总结，然后一起分享。

3. 通过体验，培养多方面的兴趣。

面对这种类型的孩子，我们最担心的问题其实是"兴趣狭窄"。所以不要在小的时候过多地关注知识的获取，而应该关注多方面的体验。比如，滑滑雪，听听音乐会，体验马术，玩玩高尔夫，让孩子多见识，主要是为了激发她们多角度地思考，当然也为他们交流提供了足够的话题，最终提高了孩子的人际交往能力。

4. 多与有经验的人见面，拓宽视野。

6 岁之后，家长不是家庭教师的身份，而是孩子贵人的身份，我们的重点在于让孩子了解世界的多元性与联系性，为孩子搭建各种潜能发挥的舞台。可以多与有经验的人见面交流，会让孩子有更多的认识与思考，毕竟人都是爱听故事，不爱听道理的。

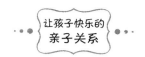

4. 走进抑郁症女孩的心门

　　小雨（化名）是一名高三的女生，被医院确诊为中度至重度抑郁症患者，除了去医院咨询室接受心理疏导，还被要求进行药物治疗。小雨的母亲的朋友和我是老同事，一方面是受人之托，另一方面我本身也非常积极关注抑郁症这个当今的新型顽症。于是我随我的朋友来到了位于门头沟的小雨家。

　　小雨的母亲出来迎接我们，面目没有任何表情，只是在前面引路，也不与我们对话，可想而知她内心是非常难受的。

　　一进屋，迎面扑过来的是一只棕色的三个月大小的泰迪犬。这种狗我是养过的，非常黏主人，而且总在你身边跳来跳去，非常惹人爱，我的那只泰迪犬后来送人了，原因是大女儿千慧诞生了。在我印象中，如果是女孩子有一只泰迪犬，一定会爱不释手，更有甚者会偷偷将泰迪藏在背包里去上班。眼前的小雨根本不看泰迪犬，当然她也不看我们。她面色灰暗，目光无神，眼球很少转动，一直朝地面看。小雨的表现已经说明了她现在的情绪状态。

　　小雨的家是两居室，整体的感觉是一样的。屋子里很昏暗，桌子、床上也没有收拾的痕迹。母亲是一个内向且严肃的人，不是遇到这样的大问题，她可能也不会主动去与别人进行沟通。她告诉我，小雨是一个比较听话，比较乖的女儿，自己和丈夫都是比较内向的人，小雨爸爸不怎么与孩子进行沟通交流，现在有了病了经常陪陪孩子。小雨妈妈在一家研究所工作，整天一个人在一个办公室，不怎么与人打交道，但她自己很喜欢这种方式。

在做心理咨询时，我们会关注生理、心理、社会三个层面，其中有一个比较敏感的话题，就是特殊刺激事件，换句话说就是致病诱因。

小雨妈妈承认孩子的状态一直不太好，有一些焦虑与厌学。但是变成这样就是因为三月发生的事情。小雨只有一个朋友，是个女孩，有一天她给女孩发了条短信，表达了她不喜欢同班的一个女生。而那个女生偷看了小雨朋友的短信，记恨在心，于是发了满满一篇的咒骂、重伤小雨的话给小雨，小雨顿时觉得崩溃，于是不敢再去学校了。

母亲总是纠结在那个女孩的过分言辞上，我对她说，现在关键是让小雨恢复状态，而不是纠结于谁对谁错。于是我与小雨单独交流。

我坐在椅子上，小雨坐在她的床上。通过观察我发现小雨是一个个子高挑，身材很好的女孩，她本应该因此感到骄傲与自信。而眼前的她表现出非常悲观的样子，我看着也很难受。

在环视她的房间时，我发现了她的桌子上摆放了一瓶小黑裙香水与ZA的化妆品，这让我感到了意外。一般来说，抑郁症的患者社会功能会严重受阻，他们是不会关注自己的穿衣打扮的。我询问她，她告诉我这确实是她自己买的，买完之后，母亲就会大骂乱花钱，不过挨骂之后她还会买。只是发生了那件事情后，小雨不再关注穿衣打扮了。

对于抑郁症，我有自己的一些想法，此想法应该说来源于

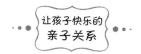

我对于人本主义心理学的学习。当一个人对于自己的评价高于他人对于自己的评价时，容易产生躁狂倾向；当一个人对于自己的评价低于他人对于自己的评价时，容易产生抑郁倾向。简单来说，人的情感波动取决于外界的评价。很显然小雨是一个非常敏感和在乎评价的人，而最直接影响她情绪情感的，不是她的同学，而是她的母亲。

她不太爱说话，但是通过一些蛛丝马迹，我发现她非常在意母亲的情绪变化，一直是顺从的状态，从小到大几乎没有与母亲有过一次大的争执，也没有表现出一次正面的冲突。

我问她你最大的愿望是什么？小雨说最大的愿望就是健康，她认为成为今天的样子就是因为她的病。

我不愿意在她面前谈及她父母的教育问题，我选择了另外一种视角解决她的问题，即安慰剂。在交流的过程中，我让她充分地相信我。在心理咨询中有一条原则，叫做"信则灵"，如果你对咨询师保持怀疑的态度，并始终保持阻抗，那么咨询的效果也会大打折扣。

我告诉她能够治疗疾病的人，不是医生，不是妈妈，不是爸爸，而是你自己，你要有勇气，相信自己一定会成功的。但是需要注意的是，在你自疗之前，要清楚你想成为一个什么样的人。小雨的话让我恍然大悟，她说，我想做一个大大咧咧的人，我觉得那是快乐的人。我相信，这句话埋在她的心底，而且她也并没有和父母提起，因为她知道父母喜欢文文静静，甚至是安安静静的人。我说那很好，自疗第一你要无视你的病情，不去关注你的病。第二你要一心去做一个大大咧咧的人。你已经成人，有了自己的判断与能力，你应该成为你想要去做的人，这样你才能获得独立，获得身心的健康。她点了点头，看了看我。

我在短短的时间内给她写了一封信，信里面是一些积极引导与高度评价的话，在信的末尾，我提出了三条要求：其一，如果想到自己喜欢的事情，马上就去做。其二，不去控制自己的感受，想表达的时候就表达。其三，做一个你喜欢的自己，记录自己的变化与进步。在最后，我告诉她和母亲，这封信是绝对保密的，母亲、父亲、医生、老师谁都不能看，看了就不准了。

母亲露出了久违的笑容，小雨虽然没有笑，但一个多月没有下楼的她也同意送我上车，这是我感到非常欣慰的一点。

车子渐行渐远，祝愿小雨能够早日康复，活出自我，活出快乐。

之后，我与我的朋友说，其实从一进屋，我就知道，问题出自母亲而不是小雨。她说为什么，我说一个女孩子的家如果不干净整齐，证明家长并不在乎或关注女孩子的成长。换句话说，母亲也一直没有处于良好的状态。要知道过分整齐干净，被称作是洁癖或完美主义，这种人总处于紧张状态，是心理问题，而过分放松对自己的要求，极不在意自己的形象或家居环境也是一种心理问题。这种情况被称作是社会功能的减退，即越来越远离了社会行为规范，最终呈现意识减弱，影响身心健康。

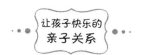

5. 大学生跳楼的起跳点在童年

2013 年 10 月 9 日中午 12 点半左右，暨南大学富力教学大楼一女生跳楼身亡，4 楼和 5 楼间的玻璃被砸穿。暨南大学已确认，该生为暨大医学院 11 级学生，曾因心理障碍休学一年，2013 年 9 月复学。

虽然我们听过太多次类似的消息，但是当我们重新接触这样的新闻时，眉头还是会再一次紧锁。一个年轻的生命就这样离开了我们……

在十年前，我们还在用审判官的口吻教育我们身边的孩子们，你不可以选择死亡，死亡是对自己的不负责任，更是对周围人不负责任。如今，我们不再这样表达，因为我们渐渐地麻木了，很多人明白，死亡是一种解决心理或精神困惑的方式，但毕竟这种方式过于极端与残忍。

背负着巨大压力的学生不在少数，他们采取的方式由自嘲、自闭向自残、自杀过渡。采取极端方式的学生集中在初三与高三两个年级。在这个特殊的时期，家长们往往认为孩子的问题在于考试的压力，其实任何的心理问题都不是一个原因导致的，我希望我的这篇文章能够提醒孩子的家长，不要在孩子很小的时候为孩子的心灵埋下定时炸弹，这也就是我这篇文章题目的由来——大学生跳楼的起跳点在童年。亲子教育中很多不恰当的做法，最终导致了家庭的惨剧。请关注以下几点经常容易忽视的"小"问题：

1. 缺乏父母的支持与沟通。

在前一段时间，遇到了一个初三的男孩子，由于压力大而选择回避，在家中休养。由于问题越来越严重，家长给我打了电话，向我询问办法。在与家长的沟通中，我发现了一个非常致命的问题：父母都是生意人，父亲回家早些，母亲会很晚到家。父亲亲口对我说，与朋友之间有话题，而与孩子之间无话可说。与此同时，在与母亲的对话中，我发现母亲是一个很强势、很自我的人，由此我可以判定孩子缺乏父母的支持与沟通。在心理咨询中，咨询师无论什么流派，都会询问案主是否有良好的社会支持系统。这个词有点学术，简单来说就是你拥有可以信赖可以帮助你消愁解忧的人。心理防线有两条：一条是自己，一条就是社会支持系统。只靠自己消除烦恼，或者缺乏社会支持系统的个人，都存在着心理风险。社会支持系统可以是家长，可以是亲戚，可以是朋友，但是对于未成年人来说，父母无疑是最重要的社会支持系统！

2. 兴趣爱好狭窄。

我们经常听到某人介绍自己兴趣爱好广泛，很少人说自己兴趣爱好狭窄。因为这本身就是一种症状！是自闭症的典型症状。然而，我们的很多家长在孩子成长过程中，不是建立或维护兴趣爱好，反而是抹杀屏蔽兴趣爱好。到了初中、高中，家长开始关注孩子的成绩，有些家长经常是"非分不谈"，一进屋就问"考试第几名啊？""总分多少啊？"成绩成为了生活的主题，分数成为了生活的全部。当一个人只关注一件事情的

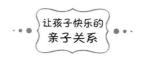

时候，她会处于最高的紧张状态，不会产生最佳的效果。可以说从心理学的角度来看，一心一意未必是效率最高的做法。我们经常开车，尤其是开长途的车人就知道，如果你紧盯着前方，只想着目的地，可能坚持不了多久就会发生事故；如果你放一些音乐，或者偶尔和旁边的人交流一下，反而能够更有助于您的驾驶，这确实是不争的事实。所以，请不要忽视兴趣爱好，他是一个人的潜能爆发点，更是心理减压的良方。

3. 缺少自我判断力，缺乏自我价值感。

有这么一个孩子的母亲，和我说，对孩子要求非常严格，而且坚信自己的教育理念，总是把她自己总结的"正确方法"传授给孩子，让孩子一定要执行。比如吃饭吃什么健康，睡觉几点睡几点起，什么时候交女朋友，什么时候可以休息娱乐……听着似乎是有很好的人生规划，但是唯一的遗憾是当事人并没有参与思考与讨论，儿子成为一种工具。**真正的尊重，是给孩子选择，而不是鼓励孩子服从你的安排。**在太多的家庭中，孩子没有话语权，没有判断力，这导致了他们缺乏自我价值感。当青春期来临，他们有了更多的心理体验，但是他们缺乏决策的经验，特别想做主与习惯性地听从成为了一对非常明显的矛盾，一直困扰到上大学，甚至更远。

4. 缺乏客观的评价。

因为我是亲子教育工作者，所以在做心理咨询时，我习惯收集案主的亲子关系，从中发现问题。我发现大多数案主缺乏家长、尤其是母亲的客观评价。一种情况，是把孩子夸大，给孩子"超人""最漂亮"之类的评价，这样的孩子在青春期的时候会产生躁狂的情绪，她的评价总是高过外界的评价；另一种情况，总给孩子过低的评价，并且伴随着严厉苛求的标准，他们习惯用成人的标准要求孩子，并且觉得理所应当做到自己的要求——这种孩子容易导致抑郁的情绪。

　　这四点并不是发生在初中和高中，而是发生在童年时期，父母的家庭教育的成败直接决定了孩子是否会在青春期陷入巨大的困惑，甚至会不会选择自杀的极端方式，所以，我说大学生跳楼的起跳点在童年。

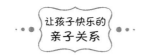

6. 妈妈发裸照伤了谁的面子谁的心

林在瓯海区工作，儿子在鹿城区上学，因为放学时间和下班时间不一致，孩子放学后一般在托管老师那里写作业，她下班后再接儿子回家。上月底，托管老师说，她儿子抄同学的作业。被老师投诉后，林有点郁闷，觉得该警戒一下儿子。儿子洗澡的时候，林在儿子背后拍了张照片，发布到微信朋友圈里，并写上："儿子抄袭作业，发裸照以示警告，这次发背面，如果再犯，就发正面裸照。"儿子看后不说话，也没再抄过作业。

林没有打骂，就制止了儿子在学习上的劣习，她觉得这方法还可以。不过，微信朋友圈的评价中，有人质问林，这种露儿子屁屁的做法会伤害孩子的自尊心。林回复认为，这样露的尺度还行，她认为儿子能够区分是非。

这是典型的"霸权教育"，这类家长习惯性依照自己有限的教育经验、非理性的判断力与冲动的情绪状态对孩子的错误行为进行"严惩"。从家长的言语中，我们可以看到她对于孩子的抄作业行为非常气愤，因为抄作业违背了道德；而事实上，她在背后偷拍孩子，也违背了道德，将照片在不经本人允许的情况下放到网络上甚至触犯了《未成年人保护法》。从另一个角度看，家长的"郁闷"来源于面子。我们观察到很多不理性的教育行为都是出自知识分子家庭或高学历家庭。他们有着很高的文化素质与社会地位，不允许孩子出现品行不端的现象。而事实上，它的惩罚方式没给她赢得面子，还让全家人都丢了面子。

可以说母亲的做法对于孩子的一生会造成很深的影响。无论是男孩子还是女孩子，都应该保护孩子的隐私，而私密部位恰恰是隐私的重要组成部分。对这方面的保护恰恰是培养孩子自我尊重与尊重他人的教育。将孩子的私密部位公布于众，还可能给孩子带来以下几种危害：其一，压力巨大。这种被外界过度关注所带来的刺激会打破孩子的心理平衡，而处于学龄阶段的他并不能化解这种突发事件所带来的压力，极易产生焦虑与抑郁的心理问题。其二，失去自信心，讨厌自己的身体。抄作业是错，但不是罪，不应当用这么不人道的做法对待。其三，胆怯，产生社会交往障碍。孩子从小受到这种待遇，很可能会产生阴影。在与网络上交流或者进行其他方式沟通时，很容易产生错误联想，畏惧与人沟通，这种影响可能是一生的。其四，粗暴的待人方式。由母亲那里习得的方式有可能成为他为人处事的经验，在对待自己的配偶或子女时也会采取类似的办法去对待。

我一直提倡理性教育，简单来说就是奖罚有理、奖罚有度。动不动就奖励，奖励的作用就会减弱；动不动就惩罚，惩罚的作用就会消退。成绩无需奖励，因为对于孩子来说已经是最好的奖励了，该奖励的是孩子的努力与要强。行为出错或不出色，不必惩罚，因为孩子在和别人孩子进行比较后，自己本身就会很内疚，该惩罚的是两件事情，一个是懒惰，一个就是不良品行。抄作业是品行问题，应该受到惩罚，但是要通过智慧的方式进行惩罚。首先，在惩罚前应该理智与严肃地与孩子进行深

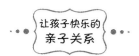

入地交流，弄清楚事情原委。孩子抄作业的原因可能并不是为了"投机取巧"，你需要冷静分析，这里面有四种可能：一是要强，但是学习能力欠佳。二是模仿，因为看到很多孩子因为抄袭而获利。三是不希望父母失望。四是时间冲突，他可能有自己的"伟大计划"，但是他已经没有时间去耽搁，所以采用了这种方式。但不管怎样，告诉孩子应该具备原则意识，有些错误可以犯，有些行为却是坚决不可以做的。其次，在与孩子进行沟通之后，再进行适度惩罚。这是要让孩子明白社会规范的重要性。一个人违背了社会规范，就应该受到相应的惩罚——这是对孩子进行社会化的教育，无视或放纵对孩子的危害会更大。但是不可以像案例中那位家长采取极端或报复的方式进行教育。我们可以惩罚孩子晚两个小时吃饭，楼下多跑几圈等。切忌不可以用做习题、做家务作为惩罚，这会让孩子讨厌做习题，讨厌做家务。

孩子犯错误，上帝都可以原谅。**教育既要宽容，也要讲原则，但任何教育都不能以牺牲孩子的尊严与身心健康为代价**，否则，一定是伪教育。

有一个话题比较难驾驭，就是"爱的绑架"。父母总是以让孩子成长、成功为名，用各种苛刻甚至不文明的方式要求孩子，这实际上是一种爱的绑架，严重的可以认为是一种精神疾病。在对自己的不满意，或者是对自己另一半不满意的前提下，开始将期许的目光放在孩子身上，过度期望，过度约束，最终很可能会酿成教育的惨剧。

7. 从女生节看性别教育

　　男孩子应该什么样？女孩子应该什么样？似乎最近鲜有人提及类似的话题了，更多的家长、教师或教育工作者更愿意谈论学业成绩、性格能力或潜能开发一类话题。男孩子与女孩子似乎在强大的教育背景下没有太多的区别，他们只是被动选择的受众而已。然而事实上，无论从生理还是心理上，男孩子与女孩子应该也必须拥有不同的成长轨迹，从就业与人生规划的角度上，男人与女人也确实存在着各自的优势与劣势，我们的"无差别"教育并没有体现"尊重妇女、男女平等"的价值取向，这种"一勺烩"，反而危害与影响了男女生未来的发展。我一直在思考这个问题，也没有得到更好的解决办法。除了思考，我也一直在观察，发现越来越多的"伪娘"、"中性""非遗传性同性恋"诞生了，这个问题其实值得全社会的思考。我觉得包括我在内的所有家长，一定希望自己的男孩像个男孩，自己的女孩像个女孩，即使在出生前与出生时的那一刻，你还抱有性别歧视，生活不久，你就会觉得其实男孩女孩都很好，自己当时的想法真是太可笑了。

　　我不能扭转大的教育形势，但是我可以从一件小事做起，唤醒大家的意识，于是我策划了 2013 年的女生节。事实上，

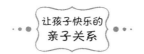

学校的其他领导对于我的提议非常赞同，然而指导思想却有了很大的出入。我想法是这样的，通过组织女生节，让女生感到被关爱，被重视，从而注重自己的言行；而男孩子也学会了如何成为一名绅士，在帮助与服务的过程中，明白了男生的责任与力量。有位领导则认为现在的女生太"霸道"了，过于"关爱"，会让她们"为所欲为"，换句话说，"女生节"最应该教育的是女生，而不是男生。我的内心充满了矛盾，但我的行动没有受到丝毫的影响。

在准备活动过程中，我遇到了一个真实的事情，它让我越发觉得性别教育必须得到重视。有一天，我与学生一起布置资源教室，屋里有我、一个男生和四个女生，都是初中学生，做着做着，一个女孩突然就对那个男生踹了一脚，男孩子非但没有回击，反而怯生生地向后撤，这个女孩一看男孩子撤步，上前又是一脚，然后笑着说，让你多嘴。我批评了女孩，其他女孩笑着说，现在这种事情很正常，我们都不踹本班男生了。我说，那好啊，为什么？她们说，踹腻了，改踹其他班的男生啦！

当然，她们的花拳绣腿不会给男生带来致命伤害，但是我觉得这种行为习惯毕竟不是好现象，我越发明白了那位学校领导的担心了。于是我在女生节活动加入了一项"好女生标准"有奖投稿，我觉得女孩子应该知道什么才是真、善、美。

3月7日女生节那天，校园里非常热闹。一进校门，女孩子就会得到男礼仪生的问候与祝福卡。我发现高中的男孩子并没有小学的男孩子做得好。小学的男孩子认真也从容，高中的男孩子反而害羞与焦虑，这个现象让我明白，问题并不是从小学开始的，或者说真正的性别教育也许应该从中学开始。

中午的时候我们在400米的大操场，组织了"女生节趣味比赛"，当你看到大量的女孩子向操场涌来的时候，你才发现，原来学校里有如此多活泼可爱的女学生。她们在操场上进行沙包投准、跳绳、跳跳球比赛、穿针引线以及折纸比赛。这些项目是女性化的，从参与的人数来看，小学女生占到了 80%，初中女生占到了 15%，而高中女生只有 5% 左右。很多女生表示，活动项目太少，没有尽兴。

中午设了女生心理普查站，参与普查的女孩子都可以得到一朵鲜花，现场也进行了一些咨询。

我制作了四幅海报，其中三幅是活动介绍，另一幅是"男生倡议书"，在这一天中，男生要成为绅士，会给女生让路，会给女生提供方便或其他帮助。有个小男生抱怨道，女生节女生太幸福了！男生节呢？什么时候到来啊！

这次活动其实不过是个小小的探索，但是它却燃起了我性别教育的志趣。先教育女生，还是先教育男生，我想这其实和先有鸡，还是先有蛋的问题属于一类。好女生会影响好男生，好男生也会影响好女生，教会学生做最好的自己就可以了。

前段时间，有个家长向我咨询，说男孩 3 岁多，喜欢玩女孩子玩的玩具，非常苦恼，怕以后成为"伪娘"。我说，玩具并不分男女，分看法与玩法。不必刻意去强化它，汽车是男孩子的，化妆包是女孩子的，因为孩子在小的时候并不能够理解得如此深刻。如果非要讲，就请耐心一些，给他看各种不同形式的包，告诉他哪一个适合爸爸，哪一个适合妈妈，而不是说哪一个是对的，哪一个是错的。比玩具影响更大的是衣服，我认为衣服是进行性别教育的重中之重，他们会观察父母的穿着，所以为人父母的不可穿错。

至于大一点的孩子如何进行性别教育呢？我觉得可以从以下几点入手。

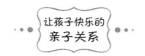
1. **区别认知。**不错，男孩与女孩从身体到心理着实不同，我们有没有让孩子们了解这个区别呢？其实这可以与青春期教育相结合，也可以为青春期教育做提前的铺垫，让他们明白，他们就会自然与从容了。

2. **鼓励行为。**对于孩子做出了男孩子或女孩子应有的表现时，给予足够的表扬，希望他们能够坚持下去。

3. **帮助异性。**从小让孩子培养帮助异性的习惯，当然不是说拒绝帮助同性，对于异性的帮助会产生很大的成就感，也会得到很好的社交训练。

4. **一起活动。**其实我们小时候玩的过家家是一种非常科学的情境模拟训练，大家的分工，让孩子们学会了角色识别与协同合作。如今的孩子，无论男女生，都手捧苹果，真是令人担忧。互相学习，互相运动，互相游戏都是很好的活动。

5. **夫妻配合。**夫妻的和谐是孩子人际交往的模板。**好的夫妻关系给了孩子生活的信心。**男人应该如何对待女人，女人应该如何对待男人，他们都是从你们那里学来的。

我觉得这可能只是抛砖引玉，更多的教育与实践希望大家一起努力。

第 *3* 章

父爱是亲子教育的重要力量

1. 早教有分工，父母都轻松

　　有很多朋友喜欢称呼我"超级奶爸"，我非常开心，但想想可能是因为大家比较喜欢《奶爸经》的缘故。其实父亲育儿早就不是什么新鲜事儿，在《三字经》中就有"子不教，父之过"的名言警句。随着时代的发展，人们遵从"男主外，女主内"的潜规则，男人的育儿功能自然"用进废退"，最终淡出了历史的舞台。如今，"早教热""亲子热"红透了荧屏、红透了早教机构、红透了亲子乐园……人们意识到早教的重要性，意识到父母需要通力合作，分工明确，才能真正培养一个人格健全，积极乐观的孩子——于是乎，奶爸这个词诞生了，它在哪里出现，哪里就有了欢声笑语，就有了妇女同志释怀解放的一声叹息……

　　我们经常说男人与女人来自两种不同星球，他们拥有不同的思维方式，这话一点儿也不假。**爸爸与妈妈作为不同性别的两个人，分别为孩子提供了不同的心理营养。**下面就分工做一个明细：

1. 妈妈提供安全感，爸爸提供动力。

　　妈妈是孩子安全感的来源，一个正常的孩子，无论他是什么气质类型，只要在妈妈出现或消失的时候，情绪都会出现最明显的波动。在出生的过程中，母子进行肉体的分离，但是孩子在心理上仍然认为亲子是一体的，或者说母亲就是他的一部分，和自己的手、脚没有什么区别。我们想想，如果把我们的手和脚与我们的身体分开是一件多么可怕的事情啊！所以无论如何在 0 ～ 1 岁的时间要尽量与孩子长时间接触，在 1 ～ 3 岁的时间要尽可能地陪伴孩子，为了让孩子获得安全感，一生的安全感。

爸爸提供的不是安全感，而是一种动力。在孩子的眼中，父亲是高大的，是强壮的，是探索的，是进取的。父亲可以快速地移动自己的身躯，做出各种复杂的动作，这让孩子感到非常的兴奋，他总是在尝试着模仿这些对他而言非常复杂的动作与表现，刺激了他的动力与潜能。

2. 妈妈训练耐心，爸爸训练好奇心。

人有四种天性，分别是好奇心、耐心、进取心与防卫心。其中最能影响潜能开发的便是好奇心与耐心。

妈妈总是不厌其烦地教孩子一个简单的动作，如刷牙、拿勺子、穿衣服——你很少看到一个父亲能做到这一点！在这个过程中，其实重点并不在于刷牙的能力与技巧，而是训练了孩子的耐心，当孩子可以坚持几分钟做一件事情，证明他接受了人类的生活方式，母亲实在是功不可没。

爸爸需要负责孩子好奇心的激发、发现与梳理。**一个兴趣广泛的父亲就是天生的超级奶爸。**他们总会发现生活细节的乐趣与美好，他们善于做出夸张的表情与反应，这些都是对于孩子好奇心激发的方法。爸爸要带孩子体验不同的体育项目、不同的游戏设施、不同的读物，让孩子在广泛接触中激发好奇心。今天 Kitty 的奶奶问我，应该学什么知识或者技能呢？我说知

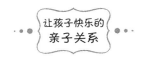

识与技能不是最重要的，要多让她多接触、多体验、多感受、多表达，这些比起知识来说要重要很多很多。

3. 妈妈培养规律的作息，爸爸积极做好示范。

0～3岁有很多"教育任务"，在我们传统的观点中"三翻六坐八爬"，如果做不到，家长必须"干预"。而事实上，这些基本能力并不是我们教会的，或者是训练的，而是与生俱来的本能。我们总觉得语言是教育的结果，而在认知心理学的观点里，语言的产生更多的仰赖于大脑中的"语言器官"，当器官发育成熟了，自然就会说出流利的语言，除非这个孩子有天生的缺陷。当然，我还是同意多与孩子进行对话或给孩子讲故事，也许学语言的效率不高，但是会给孩子很大的归属感与乐趣，有利于建立亲子关系。在这里面还有一个最重要的训练项目是规律的作息。Kitty从一岁开始就实现规律作息，其中包括起床时间、喝奶时间、娱乐时间、学习时间与睡眠时间，**越早形成规律意识，对于孩子的益处越大。**

爸爸的作用其实很重要，便是作为一个示范者，同意接受孩子妈妈的指挥。一方面孩子喜欢模仿，一方面孩子会更加认同母亲的权威性，有助于服从期的训练。

4. 妈妈锻炼小动作，爸爸锻炼大动作。

0～3岁有三项训练，包括注意力训练、精细动作训练、感统训练。

注意力训练就是耐心的训练，精细动作训练就是小动作的训练，感统训练则是包括视觉、听觉、触觉在内的大动作的训练。

妈妈要让孩子在安全的前提下多接触细小的物体。很多家长觉得孩子拿桌子上的米粒不卫生，其实你可知道这是她自觉进行精细动作的尝试。

感统训练，可以通过爸爸与孩子一起"玩"的方式开展，边玩边进行感统训练，效果事半功倍。

5. 妈妈给予批评多一些，爸爸给予建议多一些。

在 0 ~ 3 岁的服从期，我们的核心目的是让孩子成为"乖孩子"，因为服从乃是人在社会生活必须的"一面"，当他出现错误的时候，或者需要更正的地方，妈妈不可吝惜批评，因为要知道你的批评指导对他是一种"反向"的激励，他在尝试了"惩罚"之后，会做得更好。

爸爸可以对孩子的努力进行适时鼓励，让孩子觉得世界的评价是多元的，从而学会客观地进行自我评价，但是切记：爸爸不可以当面驳斥妈妈的观点，背后更不可说妈妈的坏话，妈妈的"权威地位"要进行重点保护，而不是另立为王。最保险的方法是在孩子认识到错误之后，过段时间给予孩子建议与方法，让孩子明白自己可以做得更好。

$\mathscr{2}.$ 奶爸，用智慧哺育孩子的人

  32 岁的王女士和先生要孩子比较晚，这些年主要是工作加旅游了，去年他们终于顺应了老人的夙愿，怀孕并产下了一个健康的女宝宝。一家人都非常开心，但是自从生下了宝宝之后，王女士觉得她的生活发生了很大的变化，生活的重心从工作转移到了孩子身上，但是坐月子之后的两三个月里，王女士发现生活和以前很不一样，王女士本是一个很爱聊天的人，宝宝却不会互动，丈夫回到家，还像以前那样晚。有时候回到家他也继续工作，似乎在他的眼中带孩子就应该是女人的事情。最让王女士头疼的是，晚上睡觉，他都会睡得很沉、很沉。孩子哭闹他也没有任何反应，王女士踹他他也不醒，后来王女士索性就不理他了。王女士在家看一天的孩子，丈夫在外面上班也很辛苦，却一点儿也不理解王女士，王女士感到很痛苦，却不知道如何是好。

  25 岁的高雪自述是一个霸道而且支配欲很强的女孩儿，而高雪的老公恰恰是一个"受虐狂型"的"好"男人。他们在交往的时候，男生就喜欢什么都听女生的，去哪里吃，去哪里玩，都是高雪拿主意，这让高雪的姐妹淘们非常羡慕。去年高雪有了小孩子，从公主荣升为女王，而女儿则是家里的小公主，老公的地位又降了一格。老公是一个非常喜欢小孩的人，他很希望照自己的理念培养出一个优秀的孩子。现在孩子快一岁了，高雪发现，她们之间存在了一些分歧。比如，他主张按作息规律给孩子喂奶，高雪觉得孩子太小没必要；他希望我坚持人工哺乳，但高雪觉得她的母乳质量不是特别好，数量也不多，关键孩子总是咬疼高雪的乳头。高雪发现，他不再像以前那样服从命令听指挥，"小两口"还因为孩子的事情吵过几次架，这让高雪非常的苦恼，不知所措。

当我们年轻妈妈或者是打算成为妈妈的读者，看到这两个案例的时候会有什么感受呢？是感觉有孩子很恐惧呢，还是觉得养孩子很麻烦呢？在我看来，这两位年轻的妈妈是非常典型的"80后"妈妈，他们大多数是独生子女，并且受过高等教育，在育儿方面他们相信自己的直觉，重视早教，希望得到专家的指导。不可否认，"80后"的年轻妈妈是可塑性很强的一代人，他们不排斥科学的、最新的育儿理念，并能够做到积极效仿与学习。如果你也是这样一类人，你一定有机会遇到案例中的情况。同为"80后"的我们过多地关注如何能够更好地改变自己，而不是改变与他人的重要关系。

年轻妈妈们请注意，这是不对的，尤其是在育儿方面。亲子教育是家庭教育的核心，亲子关系是亲子教育的核心，教育好孩子，关键不在于让你自己成为多么优秀的父母，而是让孩子学会与你相处，在和你相处的过程中，通过模仿、接受教育与顿悟，学会与他人相处的技巧，并为适应社会环境做好充分的准备。

母亲对于孩子的影响是意义重大而深远的，怨不得教育之父裴斯泰洛齐说，母亲与孩子的交往，是孩子人际交往的理想典范。可有意思的是，每个孩子，都会有一个母亲，同时又有

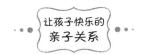

一个父亲，这种结构是三角形的，是稳定的。我们不得不承认，父亲在孩子成长过程中，起到了非常重要的作用，父亲给孩子更多的是一种自信、智慧的感觉，他对完善孩子人格起到了至关重要的作用。

我们回头看前面的例子，第一个例子中，丈夫成为了"育儿看客"，在家庭中，妻子大包大揽，丈夫可有可无。一方面妻子感觉非常疲惫，甚至委屈；另一方面丈夫因为没有参与照料，缺少父亲的内心感受，最终会影响父亲与孩子之间的关系。

第二个例子中，妻子是一个年轻而强势的人，丈夫成为了"育儿仆人"。在二人世界中，妻子在对待丈夫方面比较任性，丈夫也比较忍让。有了小孩子，妻子延续了之前的做法，而丈夫却在育儿方面有自己的想法，于是产生了生活中的冲突。

可以说，两个案例，一种错误。就是我们的年轻父母没有处理好母亲、父亲与孩子之间的关系。这也难怪，刚刚习惯了夫妻关系，甚至还是在跌跌撞撞的过程中，两人碰出了爱的结晶。然而，事实上，这的的确确是个好消息，有了孩子，就组成了稳定的三角形，我把它称为家庭支持系统。在这个系统中，三个人就是等边三角形的三个顶点，同等得重要。父亲绝对不是育儿看客，或者育儿仆人，他应该成为智慧奶爸——如果说母亲是用乳汁哺乳孩子，父亲就是用智慧哺育孩子。大量事实证明，男性进入爸爸的角色比女性进入妈妈的角色晚半年或更多，妻子需要做一些努力，建立好家庭支持系统。

1. 新育儿意识的建立。

亲子教育既包括母子教育，也包括父子教育，不能够忽略或替代。母亲是桥，父亲是塔，一个人教会孩子脚踏实地，一个人教会孩子高瞻远瞩；父亲是太阳，母亲是月亮，孩子是地球，同样围绕着孩子，只有同时存在，才能让地球上生机盎然。

2. 为生活方式的改变而提前做准备。

有了孩子怎么可能和以前一模一样呢？当然，适应环境是需要过程的，而这个过程，需要的是夫妻之间的配合。为此，我们应该在怀孕期间，甚至是准备怀孕之前，与丈夫探讨这个问题，给他也给自己打一预防针。比较好的方式，是夫妻一同阅读育儿图书，听一些育儿讲座，做到心中有数。另外，要多暗示丈夫，他已经是人父了，称呼上该从老公转向孩他爸啦。

3. 为丈夫创造参与育儿的机会。

刚才我们也讲了丈夫要成为智慧奶爸，就要给他这个施展才能的机会。切忌像案例一中的妈妈那样大包大揽，也不要像案例二中的妈妈一意孤行。在孩子成长、学习、营养与健康等各个方面，应该增进探讨，互相鼓励。在照顾孩子的各种体力活上，一定要共同参与，在参与的过程中，增进了夫妻的感情，也加深了对孩子的感情，同时让孩子从小感受到家庭和谐的氛围。

4. 爱与表达的需要。

夫妻虽然有了小宝宝，但是不能忽略彼此爱的需要。可以说，有了孩子之后，女性会更需要男性的关爱与鼓励，这也是避免产后抑郁最好的办法了。

5. 感性爱与理性爱。

科学的育儿不是没有感情的育儿，是将感性爱与理性爱相结合的育儿。妈妈与爸爸共同的努力恰恰能将感性与理性维持平衡，做到最好。既保证儿童安全感，又保证儿童能够拥有好的行为习惯，这光靠母亲是力不从心的。

夫妻共育必将成为时尚育儿的风向标，而智慧奶爸则会成为新好男人的标准。

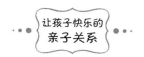

3. 父亲决定了孩子是金鱼还是金龙鱼

最近网上"只卖给爸爸的油"这个话题引起了不小的波澜。第一个原因是热播的湖南卫视综艺节目《爸爸去哪儿》当中男神张亮为我们重新定义了好爸爸的标准，既要努力工作，还要下厨做饭。第二个原因是 2014 年 1 月 9 日在深圳，由《中国妇女》杂志社主办、益海嘉里（金龙鱼）协办的中国爸爸行为图谱大调查——"只卖给爸爸的油"中国式父爱高峰论坛。会上邀请了全国 70 家主流媒体参与集体辩论，盛况空前。

论坛采取了有趣的辩论会形式，针对五个和父爱相关的话题，不同的资深媒体人用不同甚至相反的观点踊跃阐述。在大家纷纷表达观点之后，主持人邀请台上的四位嘉宾来做点评。笔者作为亲子教育工作者有幸与《中国妇女》杂志社社长韩湘景、著名诗人汪国真、首都师范大学中国品牌研究中心副主任郑新安坐在嘉宾席上。

通过收听台下中国最成功媒体人们的发言，我发现媒体工作者，尤其是男性媒体工作者非常辛苦。当问到每天有多长时间陪孩子时，深圳报业集团副总编辑、深圳晚报总编辑丁时照先生表示，一天陪孩子超不过一小时，白天开会准备，下午参加活动，晚上写稿、审稿，他也觉得应该多陪伴孩子，只是有些无奈。当经过汪国真老师的动情劝慰之后，丁时照先生说出了那句名言，以前有奶妈，如今有"油爸"！我将来要增强高质量陪伴，努力成为好"油爸"！

父亲应该是教育的第一责任人吗？主持人把麦克风递给我，全场的观众把眼光看过来。我当时并没有一丝紧张，因为在这件事情上，我做足了准备。今年我的女儿两岁了，可是在生她之前，我已经进行了5年的亲子教育研究，已经接触了100例亲子教育案例，出版了《孩子独立"靠"父母》。有一次，张绍刚先生开玩笑地对我说，你这是拿别人的孩子练手啊？我坦诚地点点头，我觉得这就是一种很特别的责任。

在一所学校工作时，我很受女孩子欢迎，下课的时候办公室里总是门庭若市。在和她们交流的过程中，我发现有三个孩子特别喜欢在我面前夸张地表现，似乎在吸引我的眼球。我经过和老师攀谈才发现，这三位女孩都是父母离异，从小和母亲在一起，他们太渴望父爱了。接着我又讲了一个案例，有一位母亲含泪跟我表达了她的女儿因为早恋几乎要和父母决裂了。我凭借着经验，直接询问了孩子父亲的情况。果不其然，父亲出差频繁，从孩子很小的时候，每周就只能见父亲一面。当孩子早恋的事情被父亲知道后，父亲不问青红皂白，把女孩子又打了一顿，进一步损害了父女关系。我和在座的观众们说，父亲该给的都没给，包括用心的陪伴、温情的言语、温暖的拥抱、认真的倾听，可是小男友却全都做到了。所有发生早恋的女孩子中，绝大多数是因为没有良好的父女关系！我的这句话一下点燃了全场，因为这句话可能触碰了爸爸们心中的一根心弦。

我接着说，在看很多的西方教育著作，我们知道母亲对于孩子人格形成的重要性，但是如今越来越多的教育家、社会学家、心理学家发现，<u>在人格方面，母亲只能给孩子一部分的影</u>

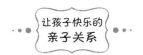
响，而另一部分心理营养需要父亲来提供。我们虽然不能说父亲是教育的第一责任，事实上封建时代是这样的（子不教，父之过），但是我们可以很明确地说，没有父亲的参与与付出，就没有幸福的孩子。

那么父亲的责任是什么？我在《奶爸经》中写出了一个理性的科学的同时又受欢迎的父亲是什么样的，在会上无法把所有内容一一列出。我做了一个比喻，我说母亲是家庭生活的组织者，父亲是家庭生活的示范者，示范就是最好的责任体现。在6岁之前，母亲是孩子社会化的标杆，拥有绝对权威的地位，神圣不可动摇。父亲在这个时候需要做的便是一面鼓励孩子，一面做好示范动作。我的女儿在1岁的时候就会拿起扫把扫地，她的样子很认真也很执著，她喜欢和爸爸妈妈一起吃饭、收拾卫生、洗衣服，亲子一起活动建立了孩子的归属感，最重要的是让孩子有了劳动与规则的意识。所以我说，爱孩子，就和孩子一起动。

主持人问我有没有育儿秘笈透露给大家，我说秘笈就是用心。我给大家讲一个小笑话，有一次我带着我女儿去玩室内游乐场。里面全都是年轻妈妈们，为了孩子我也豁出去了，挤进去陪孩子一起玩。在玩海洋球的时候，女儿发现了一个两种颜色的球，正要把它拿起，边上一个4岁左右的大男孩一下子把它拿起来了。我紧锁眉头，也撇起了嘴，希望能看到奇迹……女儿看来是真喜欢，含情脉脉地看着男孩，并且用手摸了摸男孩手中的双色球，男孩并没有回心转意，转身把球带走了。女儿呆呆地矗立在原地，也没有太委屈。我最会逗孩子玩了，我与那个男孩用不到3分钟的时间成为了好朋友，我跟他说，来，你去把这个双色球给那边那个小妹妹吧，小男孩非常信服地听话地跑到女儿边上，高高兴兴地把球给了她，我看到了女儿甜蜜的笑容……当听到这个故事后，台下传来"太坏了……"的笑声。

我几乎每天回到家都要发明一个小游戏，与我的女儿一起玩，逗她开心，让她明白我爱她。将来我想把它写出来献给所有的爸爸们，因为爸爸们早已经觉醒：成功与幸福不是一件事情，追求成功的人不一定是幸福的人，但感觉到幸福的人就是成功的。

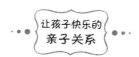

4. 奶爸边吃边育儿

　　越来越多的年轻妈妈意识到，丈夫在育儿方面不应该袖手旁观；越来越多的年轻爸爸意识到，光靠女性未必可以取得最好的育儿效果。于是双方心照不宣，携起手来，共同关注孩子的生活与成长。谈到生活，离不开衣食住行，听起来简单，却是孩子们人生的第一课。0～3岁，教育的重点应该是行为训练与习惯训练，行为训练包括感统训练、注意力训练与精细动作训练三部分，我们这里不再展开。习惯训练不必借助任何器材，而通过衣食住行这些简单的日常生活来训练。这次我们主要谈一下在饮食方面，年轻父母应该如何进行训练与分工。

　　宝宝的饮食听起来容易，做起来其实很有讲究。吃什么很重要，这点需要营养专家的赐教，如何吃却是亲子教育的范畴。一般来说，在饮食方面，妈妈是负责提出要求与喂食的，而爸爸则是负责示范与陪伴的。**你必须明白，妈妈在0～3岁的时候充当了孩子的"重要人物"，孩子们通过妈妈，学会了服从，学会了完成命令，这也是社会化的第一步。**可以说生活中的具体要求都应该由妈妈来提出，而其他人如果有意见或建议应该私底下与妈妈进行交流。在吃饭方面，妈妈应该明确要求孩子吃饭的时间、严格控制吃饭的环境。

吃饭的时间：吃饭、睡觉、游戏、学习这最简单四部应该形成固定的作息表，一开始的时候可能亲子双方都不适应，但当孩子适应之后，你会发现这是一件一劳永逸的事情。规律的作息不但对孩子自律有好处，对他的身体健康也极为有益。吃饭不宜过快，用餐时间也不能太长。有些妈妈喜欢与宝宝一起吃零食，这样非常影响饮食作息，爸爸们一定要监督此事。喝水与吃水果的时间要放到吃饭之前半个小时左右，妈妈有时候很忙，爸爸们要提醒。

吃饭的环境：你是否为你的宝贝准备好了用餐环境呢？好的环境就是好的教育。爸爸要和妈妈一起来做好此项工作。把宝宝的玩具、图书等一切吸引宝宝注意力的物品收好，关上电视、电脑等设备。很多家长喜欢边逗孩子边吃饭，这是一个很不好的习惯。事实上，孩子不需要任何刺激，仅仅因为饥饿的欲望就会乖乖地坐在食物前，任何的辅助措施都是画蛇添足。

妈妈的喂食：刚吃饭时由妈妈喂食比较适合，妈妈比较能够觉察到宝宝适合的食物温度与"一口量"。吃辅食的时候，可以用一个大碗多盛一些晾着，然后准备个小碗，进行喂食。当你勺子接近宝宝，而宝宝表现不那么积极或摇头时，证明她已经吃饱了，千万不要多吃几口！一次吃得少一点没什么大不了，但是破坏了孩子对于吃饭的兴趣，甚至带来进食恐惧，就得不偿失了。

爸爸的示范：爸爸的作用在哪里呢？爸爸是一个吃饭的"模特"。在孩子开始吃辅食的时候，你就要与他并肩而坐，让他知道原来"人都是这么吃饭的！"孩子一方面听取妈妈的口令，一方面可以模仿爸爸的行为，这样更有助于他学习。一方面让父子之间更加亲密；另一方面也让妈妈的"权威性"得到巩固。爸爸的陪伴对于孩子来说，有着积极的意义，孩子会

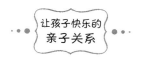
觉得很有安全感与归属感。爸爸在饭桌上的一举一动都成为了孩子行动的模板，这就是所谓的"身教胜过言传"吧！

除此之外，爸爸还可以通过言语的方式吸引孩子吃饭，比如"香喷喷！""好馋人呐！"等夸张的语言与表情，必然让孩子对吃饭产生更多积极情感。0～3岁，在饮食方面，我们需要注意的就是四点，卫生、营养、兴趣、习惯。有一位家长曾经问我，孩子1岁左右，总是捡桌子上或手上的米粒，我该不该阻止他？我觉得这不是习惯方面的问题，而是孩子正在自觉地进行精细动作的训练，他通过大拇指与食指的配合，完成这一"复杂动作"。

民以食为天，食不仅是为了解饱，同时也是一种教育的渠道。如果说母亲是孩子的第一任教师，父亲就是第一任助教。

5. 11 条让你成为中国好爸爸

学好数理化，不如有一个好爸爸。这句话被 20 世纪出生的人奉为经典，人们已经开始意识到，父亲决定了一个家庭的生活质量，他的物质财富、精神财富与关系财富俨然成为了孩子的起跑线。随着时代的进步，人们开始理性并多元化地看待成功，人们开始反思幸福对于人生的意义，这句话，也渐渐地被大家淡忘了。直到最近，媒体上热播的节目《小爸爸》《爸爸去哪儿》等，又一次刺激了家长的神经，原来"子不教，父之过"，我们忽视了父亲的育儿功能。整个社会在做集体反思：缺少父亲的教育是不完整的家庭教育，缺少父爱的孩子是人格不健全的孩子。如何成为一个好爸爸呢？我觉得这是一个系统工程，需要个人努力、家庭配合两方面。

1. 个人努力。做一个好爸爸，首先要有强大的主观愿望。如果一个好爸爸只把传宗接代，延续香火作为生孩子的目的，显然他一定成为不了好爸爸。可以说，好爸爸希望自己成为人父，希望尽自己的责任去爱孩子，教育孩子，把养育孩子作为一种价值的体现，甚至是一种人生的理想。

2. 有规划、有准备地养育。不是仅凭热情，说要就要，而是选择适当的婚育年龄，保证合适的生育环境，并在成为父

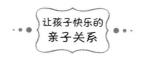

亲之前即对育儿方面有所探究，可以多看看书籍，可以多打听经验，做一个有心的准爸爸。

3. **粗活累活勇于承担。** 当宝宝出生之后，你就会发现，家中无闲人，就拿洗澡这件事情来说，有人烧水、倒水，有人给孩子脱衣服，有人拿玩具哄孩子，有人准备新衣服，有人准备洗衣服……这个时候，好爸爸是那个挺身而出，任劳任怨的人。在我脑海中，当时洗尿布是最辛苦的工作。你的付出是对新妈妈的最大安慰，同时给家人传递着一种强大的信息——是的，我已经准备好了！

4. **生活中展现出积极阳光的一面。** 在孩子眼中，母亲是最重要的，其次便是他的父亲。这个"其次"不是可忽略的"其次"，而是"仅次于"的意思。不要把工作中的抱怨与不满带到家中，不要把骨子里的那种任性与霸道强加给你的家人。要知道有一双小眼睛总是停留在你的身上，你要把最好的一面展现出来。

5. **要尽量抽出时间陪伴孩子。爸爸的存在本身就对于孩子有深刻的影响，会让孩子产生一种安全感与归属感，进而产生自信。** 无论你多忙，一定要记住有一个小人儿在一个小角落静静地把你守候，爱她就抱抱她，亲亲她。

6. **多陪孩子玩。** 男人有的时候就是像一个大孩子，所以他们很容易与孩子玩在一起。这种玩就是良好的亲子关系，就在训练孩子良好的心智，即使孩子已经上了小学、中学，还应该找机会和他们在一起玩，他们会感到家庭的温暖，会感受到原来亲子双方，互相需要。

7. **善于做示范。** 一般来说，父亲动作能力比较强，所以在要孩子做某项任务时，可以亲自做个示范，这既方便孩子学习，也拉进了亲子关系。另外，你希望孩子成为一个什么样的人，你首先要成为什么样的人。

8. 鼓励或建议孩子。这点体现了男性理性的优势。在什么时候鼓励孩子，如何建议孩子都是一门学问，一方面可以多看书充电；一方面也要学会总结经验。在孩子最需要的时候，给他们力量。

9. 倾听孩子。父亲是孩子的港湾。父亲的温柔是一种强大的磁场，孩子愿意在情绪平稳的父亲面前表达自己的心里话。

10. 热爱学习与阅读。好爸爸是家庭中的正能量，你的表现时刻映入孩子的眼帘，做一个学习型的爸爸与书香爸爸吧，让孩子以你为榜样，以你为骄傲！

11. 尊重孩子的母亲。这与孩子有关系吗？事实上，这恰恰是最重要的一条。夫妻之间的交往为孩子提供了一种可参考的范本，这种范本影响到他的为人处事，影响到他的生活方式，影响到他的爱情观与婚姻价值观。此外，要清楚母亲在孩子心目中的地位与作用，不可以破坏母亲的形象。

我曾经在《奶爸经》中提到过两种妈妈，一种是女仆型的，她基本上把养育孩子的活儿大包大揽，不给爸爸一点儿机会，另一种是女王型的，她总是命令爸爸做这做那。这都是不好的表现。在家庭中，孩子、爸爸、妈妈应该是一个正三角形，亲子关系与夫妻关系是等长的。家人，尤其是妻子一定要给丈夫机会体现爸爸的价值。第一，多给机会让孩子与爸爸相处。第二，家人私下讨论教育问题，让爸爸充分表达自己的想法。第三，多在孩子面前提及爸爸或爸爸的优点，一方面是为了角色认同；另一方面是为了拉近孩子与爸爸的关系。第四，实施给予肯定与鼓励。

我们总说孩子是祖国的未来，是家庭的希望，其实这样一个"未来"与"希望"，离不开一个中国好爸爸。中国好爸爸

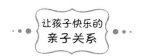
让家庭变得和谐，让社会变得美好。从现在开始，做一个好爸爸，让孩子感受到你的爱，让家人感受到你的爱，让社会感受到你的爱，你的这份爱是一种正能量，它体现了你的最大价值，它就是你的幸福，你的成功。

6. 兴趣狭窄的父亲不是好的父亲

　　小涂高一了，特别关注考试排名。不喜欢与他人打交道，远离那些他认为行为习惯不好，比如骂人、抄作业的同学。做很多事情表现出应付的态度，很少见他有特别乐意并坚持的事情。最近由于学业压力大，表现得极为狂躁，小涂总表示非常不喜欢这所高中。据母亲透露，小涂是从高一军训时与同学发生口角时产生了对学校的不好态度。本来小涂是准备全力以赴，留在原先的重点中学继续读高中，但由于中考的失误，他受到了很大的刺激，最终不得不选择现在的高中。小涂经常表示，现在所在学校的学生素质很不高，不爱学习，还有抽烟的现象，这让他非常失望。

　　当了解了小涂的经历，你会觉得这个孩子比较单纯，活在一个理想中的世界里，他希望在那个世界中人都是善良的、纯粹的、德行高尚的，简单来说就是和他一样。他看不惯的事情太多，无论是同学抄作业、骂人这种"小事"，还是"抽烟"这种"大事"，他表现出了一个过度的"愤慨"。这种认知方面的偏执导致了他社交方面的挫折，因为很少有人能够符合他老人家的标准，所以他不愿意与"不合格"的人交往。

　　小涂格外关注排名，这是为什么？我的第一直觉是父母过

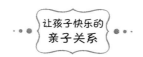

于严厉。但事实上，在与眼前的父母进行交流之后，发现我的判断是错误的，其父母对于学习的事情从来就没有过多关注，小涂从来就是自我要求很高，并且觉得只要自己努力就一定能成功。针对"只要努力就一定能成功"这句话，我推断，父母双方或者母亲一定总是给予精神上的激励，用比较夸张的赞美之词去评价儿子，导致小涂迷失了自我，并养成了功利性心理，夸大了自己的能力。然而，从与小涂的父母对话中，我发现，他们都不是善于表达的人，不会过度运用华丽的语言评价或高估儿子。那么，是什么原因导致了小涂格外，甚至是唯一关注"排名"这件事情呢？

结合他的人际交往问题，让我有了新的方向。小涂正处在青春期，青春期的孩子开始学会"攀比"，开始关注别人的评价，开始关注自己在男生女生心目中的位置与价值。很显然，小涂追求排名，恰恰是在追求一种优越感，好的排名可以给他带来强大的满足感与成就感。他对于排名的痴迷恰恰说明，他的兴趣是狭窄的，他没有其他的兴奋来源，当然，这也就是他痛苦的源泉。

基于这个猜想，我与他的父母进行了深入访谈。3～6岁的时候，母亲在医院评职称、连夜奋斗在一线，孩子主要由父亲带领。而父亲是一个沉默寡言的工程设计师，他不太善于与孩子交流，一天不说话也可以，错过了"亲子交往黄金期"，也不习惯走亲串友，更不要提与陌生人接触与交流。到了6岁之后，很少带孩子出去玩，也没有发现或挖掘孩子的兴趣与爱好，没有给孩子报一个特长班，孩子的交际水平与其他小孩子逐渐拉开了距离。

我在想，如果3～6岁的时候，母亲没有那么拼命工作，就可以与孩子多交流，孩子的语言表达力与人际理解力一定不会像现在这么糟糕。虽然母亲本就没有什么语言沟通的技巧，但是母亲的陪伴同样给孩子更多的自信，母亲的说话方式多少也会给孩子参考。

令人遗憾的是，父亲偏偏是一个兴趣非常狭窄的人，他没有以一种积极热情的姿态出现在孩子面前，没有主动为孩子去做一些示范，没有引导孩子去接触丰富多彩的世界。

由于父母双方的影响，小涂成为了今天封闭的小涂。我给他的父母提出了一些建议，当然只能认为是"亡羊补牢"之举：

1. 从关注学习到关注生活。

我经常和家长们说，现在孩子没有不知道学习重要的，班级墙壁的排名表与名言警句无时无刻不在暗示着孩子们，他们的压力很大。一到家，你就问"考试怎么样了？""排第几啊？"这些话题真的在伤害亲子关系，孩子们认为大人关心的只是成绩，而不是孩子本身。鉴于小涂的情况，我认为短时间内都不必去谈论学习话题，而是关注他的生活，比如"最近有什么活动？""最喜欢哪个老师？""同学间都流行什么呢？类似这样的话题，可以引导像小涂一样的孩子开阔兴趣视野，打通幸福渠道。

2. 增加社交机会，多见世面。

既然之前少了一课，现在就要补回来。一方面加强亲子的沟通，一方面与亲戚、邻居、朋友交流，让孩子们与不同性格、脾气、职业的人接触，认识客观的世界，走出主观的世界。

3. 参与不同活动，增强体验，享受过程。

对于"急功近利"的人，我们不能再用设定计划的办法对

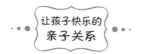

他们进行治疗，而是让他们"无目的"的去做一些事情，让他们放松下来。比如滑一次雪，骑一次马，登一次山，通过不同的刺激，唤醒他们对于生活的好奇心。

4. 饲养一种动物。

在与父母交流中，我听到了一个细节。孩子最喜欢的玩具是一只毛绒狗，高一的他甚至会抱着狗睡觉，令人难以理解。事实上，这只毛绒狗是他们春游时，同学们一起比赛玩一个游艺项目，只有小涂获得了成功，得了这个奖励，所以他格外珍惜这个奖品。我觉得他真的是比较封闭，所以坚持让封闭的父亲和他一起到外面多体验。养一只真的动物，是为了孩子有一种驾驭感与责任感，这同样是培养他对于生活的热爱。

这次咨询，让人感慨很深。父母对于孩子的影响是潜移默化的，一些教育的失误往往不会在眼前显现后果，而会在青春期或者成人之后的时间集中爆发。可是又有多少家长，停下劳苦奔波的脚步，去静下来想一下孩子到底需要什么呢？我只是希望父母能明白，人的一生中，有段时间是专属于你和孩子的，但另外的时间不是仅仅属于你和孩子，你能抓住，只有前者。

第 *4* 章

亲子活动让孩子受益无穷

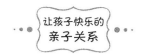

1. 不容错过的感统训练

感统训练的科目包括视觉、听觉、本体觉、触觉、平衡觉。可以说 0 ~ 3 岁是儿童刚刚产生感统能力的时期，错过了这段时期将是一生的遗憾。在儿童康乐中心或医院，可能会对大一些的孩子进行器械方面的训练，但终究不能补救早教时期遗留的问题。其实，在 0 ~ 3 岁不必刻意去买器材，我希望提供给大家一些省钱又省心的方法，供大家参考。切忌，我所提到的这些方法，都可以用物质奖励辅助进行，因为 0 ~ 6 岁的儿童没有形成理性思维，也就不会对奖励形成依赖。

视觉的训练当然是为了眼睛正常的工作。我们需要找来一张正方形的白纸，横纵画出一个棋盘。你可以任意将其中几个小格涂成黑色，通过图形或数量来吸引儿童的注意，通过孩子数数来进行视觉刺激。也许她会数错，那也可以奖励，因为我们的目的就是让他们注意黑白的区别，而不是算对数字。之后，我们可以把表格画得更大些，图形更加复杂一些，让他们注视 1 分钟之后，背着去画图形。除此之外，多让他们接触自然环境，或者比较鲜艳、比较"正"的色彩，这种真实而又强烈的对比，有益于他们视觉的完善。

听觉的训练在医学上也比较困难，因为器材比较昂贵，很多医院也是望洋兴叹。除非是先天障碍，我认为听觉是最容易训练的，或者说听觉的好坏更多的是一种习惯的养成。降低电视音量，当然还有夫妻吵架的音量，就可以降低儿童的听觉阈限，大大提高儿童的听力。此外，有意识让儿童多去接触不同的声音，也可以促进他们知性思维的形成。

本体觉，又称运动觉。大脑是指挥部，身体各个部分是他的士兵。有人决策英明，更要有人执行得力。本体觉就是一种"集体凝聚力"的体现。比如走路的时候摔跟头、说话的时候大舌头，都是因为本体觉没有训练好的缘故。在临床上，我们采用最多的器材是"网缆插棍"、"蹦床"等。在家中，我们可以带着孩子做一些儿童舞蹈动作，如果儿童有一些模仿行为，我们要给予积极的肯定或引导。

触觉，是非常容易忽略的一种感觉。而他对于儿童的心理影响确是最大的。没有经过触觉训练的儿童或多或少都会在童年时期表现出多动倾向或自闭倾向。对待触觉，我们可以购买一种便宜的器材，叫做"大龙珠"，这种塑料球上面布满了"凸起"。我们可以通过各种奖励方式让孩子接触这个玩具，比如原地拍球、坐在球的上面、拍球走路等，当他充分接触之后，触觉能力便会自然产生。当然还可以选择"羊角球"，让孩子的训练更加丰富有趣。除此之外，还有一项运动叫做"袋鼠跳"，被认为是触觉训练的最佳运动。找一个布袋子，让孩子站在里面，双手抓住布袋两边，使人和袋子形成一个整体，朝一个方向跳跃，并适当给予奖励。

平衡觉，顾名思义，就是为了训练儿童的平衡能力。学校会采用平衡木、平衡桥，作为家长，我们确实无力选择这么专业又占地方的器材。没关系，只要在地上画条线，儿童根据你的不同要求进行"走路"就可以了。一开始，可以让他们走一

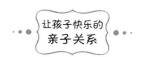
条线，从 A 走到 B；然后可以要求在线上单腿蹦一段时间，再走一段。当熟练之后，可以画两条线，甚至更多，让他们在不同的线上"行走"。

　　五觉的感统训练就是为之后的行为能力打好基础，也培养了儿童良好的"执行力"，这也是社会化中的重要一环。0 ～ 3 岁的教育主要是围绕感统训练展开，至于让儿童过早地接触知识，我认为有百害而无一利。服从的性格不是坏的性格，他是人性格中的第一个阶段，也是日后成人人格中的一部分。您的科学而温和的方式，必然会给儿童们一个丰富而又健康的幼年。我们经常会说有些孩子听话、懂事，那正是因为他们具备足够的"行为能力"以完成大人们交给的任务。

2. 1 岁孩子是这样被教坏的

"人家孩子都会坐着了！""人家孩子都会走了！""人家孩子都会讲 3 个词了！"不到 1 岁的孩子要是能听懂你这话，我相信他肯定会把叛逆期提前，特别生气的孩子将会选择爬着离家出走。

家长期望孩子能够健康成长是无可厚非的，但是请记住三点，第一要尊重客观发展规律，第二要尊重个体发展差异，第三不要拿两个孩子的成长轨迹进行对比。我家千慧基本上发展是比较均衡的，表现为"三翻七坐九爬"。孩子的奶奶一直秉承着"三翻六坐八爬"的传统理念，一直焦虑地关注着孩子的变化，我就一直劝她，不要过于紧张，只要是按节奏的发展，提前错后一个月是正常的，而事实上，大部分孩子确实是"三翻七坐九爬"。

1 岁之前，或者说 1 岁半之前，孩子到底需要怎么养？从心理学的角度来看，这个时期的你最需要做的是陪伴，陪伴是为了让孩子产生受益终生的安全感，也是为了建立重中之重的亲子关系。很多年轻家长，按说没有经历"大跃进"时期，做法却极"左"。他们希望孩子们能够快速成长，恨不得远远超过邻居孩子才欣慰，这在心理学上叫做"过度期望"，过度期

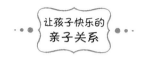

望对于本人的危害是容易产生紧张、焦虑甚至神经衰弱与强迫症，而对于过度期望的对方，也就是孩子，同样会产生危害，如果说过度期望的父母是在抽烟的话，被过度期望的孩子就是在吸二手烟。所以大家一定要记住我说的三点原则，切勿害己害子。

今天主要说的，不是过度期望这类重大的教育错误，而是生活中一些特别"小"的失误。这些失误的的确确是父母犯下的，而且是把孩子本来"好"的部分给教"坏"了——孩子日后的一些行为完全就是父母之前的这些失误造成的。

1. 吃饭的习惯。

吃饭的习惯对于人的一生的影响很大，一方面是好的行为习惯；另一方面对于胃肠的正常运转关系密切。之前，我们在网上听到了一个很让人惋惜的事情。一位 24 岁的女白领，由于加班、熬夜，尤其是凑合吃方便面、麻辣烫等食物，不良的吃饭习惯导致了急性胃溃疡，竟然夺走了年轻美好的生命。都说习惯从小养成，习惯如何去理解呢？习惯不能主观设置，而要尊重生理规律。在没有生病或其他特殊情况的干扰下，婴儿只会在感到饥饿的时候大哭大闹。她的需要就是信号，告诉你应该做什么。有很多家长，总怕孩子吃不饱，总给孩子加餐，在孩子不饥饿的时候进行喂养，破坏了婴儿天生的饮食规律。

除了尊重生理规律，也要尊重科学规律。要知道早、中、晚三餐的固定对于成年人的身体有着很大的影响，我们需要在孩子 4 ~ 5 个月的时候，进行饮食作息的调整，有规律地进行喂养，在 1 岁之前就养成定点吃饭的好习惯。

我还发现了一个有趣的现象，孩子们通常会在 4 个月的时候接触辅食，他们经常尝试用手去抓碗中的食物，两个手总是沾了一些稀饭或其他食物，他们会把自己手上沾的食物往嘴里送，甚至会把桌子上的食物往嘴里送。从这个细节上看，婴儿是知道"珍惜"粮食的。而我们的家长呢？会快速地扒开他们的手，或者马上把桌子擦干净，这无异于告诉他们，食物是无限的，不要太在意。正确的做法，是在保证卫生的条件下，不要干涉他们把东西吃干净。

还有一点，吃饭是本能，饭香足可以吸引孩子的注意力，请把玩具、电视还有逗孩子的话都收起，创造一个适合吃饭的环境，谢谢。

2. 专注的习惯。

我在之前的书中曾经反复提到过气质教育，我们应该根据孩子的气质类型，选择教养方式。（气质类型包括多血质、黏液质、胆汁质与抑郁质，请参考《天生的气质类型决定教养方式》）气质类型是由什么决定呢？根据希波克拉底的观点是体内四种体液组成比例不同而导致的，但这种观点的科学性似乎没有完全得到验证；另一种说法，神经回路的形式决定了气质类型，神经回路是指神经元（即神经细胞）与神经元相链接的脑内最小的信息处理单位，包括直线式、聚合式、发散式、环式四种。在我看来，哪一种形式的比例最大，决定了儿童先天的气质类型，可以说神经回路就是气质的生理基础。之后，我通过阅读大量的美国、韩国关于气质教育的图书，并与相关专家进行了比较缜密的讨论，发现了儿童天生的四种天性（气质倾向），即好奇心、耐心、企图心与防卫心。四种天性两两组合，形成四种气质类型（可参考下图）。

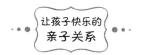
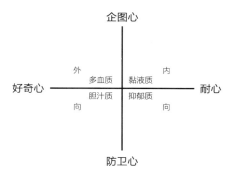

好奇心、耐心、企图心与防卫心都是本能，气质本身不分好坏，甚至可以说，每一个气质类型都是"好"的。通过我的观察，我发现千慧是一个好奇心与企图心较强的孩子，属于多血质宝宝。多血质宝宝善于模仿、喜欢被关注、不排斥教育与管理，但是如果按照气质教育的观点，多血质的宝宝缺乏耐心，注意力也很差，我对这一点非常的担心。我拿出很多玩具给她，她都不是很喜欢，甚至连碰都不碰，我当时觉得这下坏了，女孩子怎么会不喜欢玩具呢？直到有一天，我发现她拿着一把破旧的小塑料扇子，左看看，右看看。而就在这一刻，我本想着拿一个新买的玩具训练她的注意力——职业的敏感让我迅速罢手，我明白了，很多时候孩子有自己的专注，有自己的好奇心，有自己的耐心，却被大人所谓的"计划"或"指导"随意打断了，这种不尊重孩子的做法，请亲们一定要注意啊。

3."做家务"的习惯。

模仿是儿童的天性，更是人类最基本的生存能力。模仿是一种学习，是社会化的一种方式，他们希望通过模仿可以得到成年人的认可。千慧在 7 个月大的时候，模仿妈妈用抹布擦桌子；在 10 个月的时候，模仿大人拿扫把扫地。有些家长觉得孩子动这些东西很脏，总是快速将这些"属于大人"的东西收好。殊不知，这种阻止实际上危害很大：

其一，模仿能力的否定。儿童最原始的自信不是来源于家族优越的条件，而是自我的模仿能力得到大人的认可。

其二，学习方式的否定。模仿是一种自学方式，你的否定会让他从此停止这种最重要的学习方式。

其三，表现力的否定。事实上，孩子都有表现欲的，只是强弱不同。大家都希望把好的一面展现给别人，你否定对他的打击很大。

其四，创造力的否定。仔细观察，你会发现，孩子的模仿并不是一味地复制，而是加入了自己小小的"创意"，这就是天才的萌芽，你的做法无疑把萌芽连根拔起了。

其五，对于生活的质疑。你会发现我们经常做家务，你又不让孩子去尝试，这就造成了孩子们的矛盾心理。

很多孩子两三岁也非常热衷模仿大人做家务，这是非常好的事情，应该得到很大的肯定与鼓励，当孩子3岁以后，就不必再"鼓励"，因为做家务是最好的亲子互动之一，也是生活中如穿衣吃饭一样平常的事情，让她每日参与其中，孩子获得了归属感，也有了责任感。很多大孩子的家长，让孩子宁可多做作业也不要动家务，这是非常荒谬的，任何妻子也不会愿意丈夫"只在外面挣钱，不管家里油盐"，孩子同样是家庭的一员，家庭教育与学校教育同等重要。

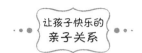
3. 早教用具"彩虹隧道"的 七种使用方法

感统训练、注意力训练、精细动作训练是 0 ~ 3 岁的三大训练项目，错过之后无法弥补，所以我一直在呼吁年轻父母，希望引起他们的重视。很欣慰，有些家长给我发来信函，想了解如何在家中进行这些训练，甚至如何花少的钱让孩子们做足训练，我都为他们一一作答。今天，我想给大家介绍一种器材，叫做"彩虹隧道"，不贵，但是用途广泛，对 0 ~ 3 岁孩子的训练效果也非常好。

彩虹隧道，是一种训练触觉与运动觉的专业器材，我给千慧买的是"宜家"牌的，质量还是不错的。玩的时候延展打开，不玩了可以压成很小的东西放到床下，很适合在家中使用。接下来，我给大家介绍彩虹隧道的几种"专业玩法"。

1. 隧道爬行。

在孩子 8 ~ 9 个月时，可以通过此法辅助训练爬行能力。孩子在隧道的一端，母亲在隧道的另一端，鼓励宝宝朝母亲这边爬过来。千慧比较喜欢 Hello Kitty，所以我会用玩具诱惑她从这边过来。在开始的时候，一定要有很强的耐心，如果一次两次没有成功，不要着急进行第三次，而是第二天再进行训练。

有的家长会问，在隧道中爬行和在床上爬行有什么不一样呢？为什么要多花一份钱呢？其实不然，孩子在隧道中爬行，不但锻炼四肢与身体的协调运动能力，还在训练触觉与方向判断能力，这会增强孩子们的环境适应性。对于没有经历顺产的孩子，隧道爬行恰恰是一种"补偿训练"。

2. 障碍物钻洞。

9个半月到10个月左右，大多数孩子，都可以进行顺利的爬行动作。很多家长觉得不需要再训练爬行力了，这是不对的。爬行是各种复杂动作的基础，爬行时会使用与锻炼全身的肌肉与骨骼，所以我们需要延长爬行训练的时期。在这个时间内，我们可以将一些安全的障碍物，如枕头或毛巾，放到隧道当中。"麻烦"会成为他们的积极体验，当然有的时候也会被他们理解为趣味性。但是，重要的是，在训练感统能力之余，我们训练了孩子的大脑。

3. 躲猫猫。

当千慧熟悉了彩虹隧道这个玩具的玩法之后，她开始意识到这是一个属于她的"钻洞洞"游戏，她会模仿大人的操作办法，将彩虹隧道从塑料包装中取出来，然后打开连接处，把彩虹隧道平平地放在地上，然后走向另一端。原来，在1岁左右的时期，孩子开始能体会一种复杂情感，即成就感，她会服从父母的口令，并非常开心完成父母的目标。所以，这段时间也恰恰是培养习惯的最佳时期。家长会意识到，彩虹隧道是横着玩的游戏，宝宝和您想的是一样的。我们将彩虹隧道立起来，让孩子站在隧道里，一会儿探出头来，看到爸爸妈妈，一会变得什么也看不到。这个游戏训练了孩子的空间感，更有意打破孩子的常规思维。换个玩具，不如换种玩法。

4. 推滚筒。

当千慧 1 岁 1 个月的时候，家里发生一次大争论，到底该不该使用学步车？妈妈的意思是可以使用，因为孩子们都在使用，爷爷与奶奶认为对孩子形成良好走路姿势很不利——我折中了他们的观点，其实学步车确实是一个过渡工具，但是不能够使用时间过长。使用学步车的时候，很多时候儿童的脚是悬空的，这对于儿童学步没有任何帮助。只有增加双脚与地面的接触，才可以最终得到走路的经验机会。这时候我就把彩虹隧道又拿了出来，这次它扮演的是"滚筒"。不必担心孩子摔倒，由于身体较轻，他们可以靠在这个"滚筒"上，当她发现推动滚筒是一个非常有趣的事情时，自然也就训练了行走的能力。

5. 袋鼠跳。

感统训练是在 0 ~ 3 岁，而不是 0 ~ 1 岁，家长们一定要注意。1 岁之后的训练要加大趣味性与难度，比如同样是训练触觉，1 岁之前我们可以通过钻彩虹隧道，抚触婴儿全身的办法，而 1 岁之后我们可以采用大龙珠与羊角球，当然还有著名的袋鼠跳。袋鼠跳本身是将孩子放在一个大袋子中，孩子的头与手露出来，手握住袋子的两边，用力向前跳跃。如果我们将彩虹隧道收好，粘好连接处，也可以进行袋鼠跳的训练。

6. 平衡木。

平衡觉对于孩子的成长也非常重要，通过前庭刺激，让孩子们感受到人有一种与生俱来的挑战地心引力的本领。让孩子多走斜面、斜坡，玩独木桥、滑梯都是平衡觉的训练。我们看看彩虹隧道的一个玩法：固定好彩虹隧道，不让它移动，然后一位大人保护这孩子在上面行走，一定要注意安全！

7. 备场与演出。

千慧 1 岁半之后，体现出了多血质宝宝的一些优势，喜欢模仿，喜欢表现自己。这个时候，我要为她搭建生活中的小舞台。我会告诉她当她站在"筒子"里的时候，她是在做表演的准备，筒子降低下来，也就是她能看到观众时，她就可以唱歌和跳舞了。这是一种高级的条件反射训练，或者操作性条件反射，这会让孩子的思维得到有效训练，同时可以增加生活经验与自信心。

一个感统器材，可以给宝宝带来很多的快乐，也能带来很多的成长，同样一个用心的父母也会在"开发教具"的过程中，有新的感悟与收获。道具这个词特别好，用东西来说体现道、解释道，每个人对于道的理解不同，道具自然发挥的作用也不同了。归根结底，教育不是示范道具，而是示范社会关系。学会道具不是目的，而是手段，让孩子能够有真体验、真领悟、真锻炼。

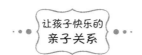

$4.$ 亲子阅读，从爱上绘本开始

最早接触绘本这个词，是从几米老师那里。他的作品图画精美别致，文字凝练深省，用一种柔和灵活的手法，让你了解自己以及自己与世界的关系。不像秋雨老师的博广达观，也不似刘墉老师的一针见血，他让每一个读他的成年人，放下自己年岁的身段，像个纯稚的少年，徜徉在久违的幻想之中。

又过了数年，绘本，或称绘本图画书悄然登陆在儿童阅读的孤岛上。不愧是外来物种，它强势登场，很快就占据了图书市场的重要位置。为何？我想一方面是一些家长真的认为绘本好，还有一些则是受了从众效应的影响。不管怎样，我想谈谈，我对绘本的理解，也期望可以提供一些具体可操作的阅读方法给大家。

我们先看看科学的解释：绘本，也叫图画书，是一种图文配合、尤其强调用图画来讲故事的书。依照这个解释，我觉得中国有绘本，曾经还兴盛一时，至于现在是否绝种则不得而知。如我们上一辈人津津乐道的《鸡毛信》《江姐》《李四光》，别名"小人书"，其实就是绘本！这些书受到了我们父母的欢迎，虽然黑白朴素，却让他们生活五颜六色。我们这一辈津津乐道的《黑猫警长》《葫芦兄弟》《大闹天宫》《哪吒闹海》，别名"动画片"，根据它改编的书，也是"绘本"。那是我们对童年最好的回忆，甚至可以成为剩男剩女相亲时的话题。之后呢？似乎没人再做，或是没有成果，总之让人心寒。好在我们拥有"喜羊羊"，这只瑞兽给我们一丝安慰。

其实图茂文精就是绘本，这一点可能在外国的绘本上表现得更为明显。以被称作第一套引进的优秀绘本《聪明豆》为例，2005 年刚刚面世，就在少儿阅读届掀起了轩然大波。原来书可以是这个样子！超大幅、超清晰、超精美的图片，却配上超简洁、超雅致、超深邃的文字。到底我们作家长的，作孩子的，作读者的，该读图还是读字？先读图还是先读字？是孩子读还是一起读？我想举个例子来介绍我的经验。我可以随机拿一页绘本举例说明。（摘自《宝贝熊玩转数学》勇赫译）

绘本不仅仅是个最合适的亲子话题，它的价值与魅力还在于它的功能。我们把绘本称为功能性读物，把读绘本称为功能性阅读。且看，我们如何通过读绘本，体现绘本的功能。具体操作方法如下：

第一步，内容预习。这是家长需要做的功课。文字是给家长了解内容的参考，可以结合图文，掌握故事内部的逻辑关系。爱上这本绘本，并让孩子感觉出那份兴奋。事实上，绘本本身也不是孩子的专利！阅读绘本，可以让成年人减轻压力，消除烦恼，品味生活。

第二步，看图猎奇。绘本的特点是图茂而文精，很显然图是第一位的。我们打开这一页，孩子首先看到不是文字，而是右上方的那个夸张的长颈鹿的头。孩子也许会注视很久，他开始觉得这个东东很有趣，他开始在内心深处问自己一些问题。如"这是什么？""它是一种动物吗？""它在做什么？"很

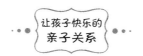
显然，低幼的儿童缺乏经验，他根本无法给出自己一个科学的答案。也恰恰因为如此，他开始通过想象解决自己的问题，就像我们蒙昧而伟大的祖先一样。他开始回答自己，如"这是一种蛇吧？""也许是个怪物！"……要我说，在这个想象力锻炼最好的时期，我们很多家长没有珍惜，上来就开始读文字，甚至有位"专家"要求家长指读，简直让人汗颜。也许她的意思是注重知识的吸收，而我想说0～12岁的孩子，尤其是0～6岁的孩子，没有必要强调知识的重要性，中国学生的基础知识是可圈可点的，生存能力却是可悲可怜的。4岁的邻居小孩会背一首唐诗，5岁的自己的孩子就必须背首宋词超过他，违背了儿童心理发展规律。

第三步，分散注意。孩子在解释不了这个大个长颈鹿之后，他会有三种态度。其一，算了，放弃，把书一扔。其二，不行，我必须把它看明白，眼睛盯着长颈鹿达两三分钟之久。其三，我看看别的地方，或许会弄明白。这三种态度体现了孩子早期的情商，不过不打紧，关键需要家长进行引导，即"分散注意"。当孩子开始"放弃思考"的一瞬间，家长马上开始进行全景式的提问。例如，你可以指着远方的城堡，说道"宝贝，你看这是什么？"；或者一边数，一边问他"宝贝，这里面有几个人啊？""他们有什么不一样吗？""他们在做什么？""你还看到什么啦？"孩子一定会说出一大堆无厘头的答案，他说什么都不要否定，都要鼓励他。事实上，在绘本的世界里本身也是没有标准答案的。艺术与科学的本质区别是烂漫与严谨。绘本的画家无法断定他的想法，绘本的作家值得按照自己的理解去诠释绘本，而我们作为读者，有什么权力认为自己说的就是对的呢？比如，你可以提问"城堡在哪？"孩子说，"在天上"，"在山上"，"在草上"，都有自己的道理，都应该及时给予鼓励。小孩子就要让他尽情想象，发挥他们这方面的潜能。你可以客观地谈谈自己的想法，供孩子参考，如"我觉得城堡在草地上，因为你看那片绿绿的，可能是草地！"当你如此说完，孩子也就明白，凡事都有凡事的道理，也就不会太过于"无厘头"了。当然，再大一些，你也可以问他，"你的想法很特别，给妈妈讲讲为什么这么说呢？"或者，"你有没有想问问妈妈的？"

第四步，回顾复习。掩卷而笑，家长和孩子因为一本甚至一页绘本有了更深的了解，这时候可以做一下梳理，或称分享。让孩子简单说说，读到了什么，或还记得什么？我们再述说一下读到了什么，记得些什么！经常听到"专家"说，"要和孩子平等！""请蹲下和孩子说话！"要我说，蹲下你可能还比孩子高，不如直接趴下算了！真正的民主平等是心理层面的，应该通过类似阅读分享之类的活动来体现，让孩子真正体会关心与理解。通过梳理，培养他的归纳能力与整体意识，为6～8岁独立阅读做好准备。

绘本的阅读对于孩子身心发展不无裨益！而亲子阅读对于孩子性格的形成举足轻重！二者的结合就是最好的方法。另外，还想谈一下中西方绘本，弃中取西是家长的普遍做法。弃中的理由很大程度上是因为没有什么好的内容可以阅读，我觉得这点非常可以理解。另外，我们通过对比可以清楚地发现，中国的绘本，带有浓厚的阶级色彩，正义与邪恶势不两立，正义终究战胜邪恶；西方的绘本，带有明显的人性色彩，突出人文关怀，亲情友谊，讲爱与包容。我和一个在以色列大使馆工作的朋友交流了这个问题，我说，外国人读外国的绘本，养成了他们独特的性格，自我，细腻，容易快乐，善于动脑却缺乏原则与信心。那位朋友频频点头，没想到我的推理和他接触到的外

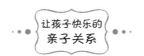

国人如此之像。中国人的特点反过来就对了，没有自我，不太细腻，不容易快乐却有很强的原则性、责任感和自信心。我们当然希望我们的儿童兼具两种品质，摒弃两类缺陷，那么，只有中西方绘本合起来阅读，才能达到我们的期许，不是吗？

5. 用一枚硬币教孩子写作文

朋友邀请我在假期给 4 个二年级小男孩讲作文，写作虽然是我的爱好，但从来没有系统地梳理过我的教训与短板，我一想正好趁此良机，把经验总结一下，也可以分享给朋友们，写作启蒙对于一个人的成长还是很关键的。

四个大秃小子聚在一起，教室立刻变身为闹市，他们分别是孙小蹦、唐小玄、朱小猛、沙小郁，虽说是化名，但个性却真是迥然不同。通常的情况下，孙小蹦会主动上讲台表演，把正在静心思考的我吓一大跳。在我还没有开口批评的时候，班长唐小玄会坐在台下警告孙小蹦，劝他快回座位，唐小玄的命令通常是"玄"而未决的，见没有什么效果，唐小玄也就习惯性地忍了下来。就在我要开口的时候，一个黑影窜了过来，又把我吓了一跳，我一俯视，原来是朱小猛。朱小猛满脸正气，紧咬牙关，把孙小蹦生生地从台上拖了下去，仿佛是开封府的行刑人员。这个时候，我小心翼翼地瞄了一眼沙小郁，沙小郁虽然不在江湖，却受到江湖的影响，他的表情很犹豫的样子，总是害怕将要出什么大乱子。

"四小天王"让人生气，也让人喜爱，你别想着完全控制他们，但是也不用担心他们会完全征服你，你没有这个能力，

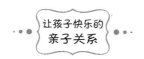

他们也没有，这样的感觉挺好。

写作的三门功课是什么？""情感！情境！情节！"

我国六位写作大师是谁？""鲁！郭！曹！巴！老！茅！"

"郭沫若给我们写作建议是什么？""改改改改，改改改！"

"……""……"

每天上课之前，我都会喊一些问题，并让"四小天王"大声而齐声地喊出来，一方面是提提精神，另一方面也是让他们加深记忆。他们很喜欢齐声大喊，我觉得听起来也非常舒服。

今天，我貌似神秘地从怀里掏出了热腾腾的4枚硬币。还没等我开口，孙小蹦喊道："钱！钱！老师给钱啦！"唐小玄侧过头，冷冷地盯着他，说："别说话！"当然，这话根本不可能起到什么作用，孙小蹦以迅雷不及掩耳盗铃之势如破竹般从我的手中抢走了4枚硬币，眼瞅着朱小猛已经起身，我明显感受到他的小宇宙即将爆发，为了防止任何意外发生，我急中生智，喊道，"大家都坐好啦！让孙小蹦给大家发硬币，一人一个！"孙小蹦幸福地领命，蹦蹦跳跳地为大家服务。朱小猛喘了口粗气，然后坐下了。而沙小郁不安地冲我挤眉弄眼，表示深处险境，他的表情告诉我让我多保护保护他。

以往的教师喜欢唐小玄和沙小郁这样内向的孩子，讨厌孙小蹦与朱小猛这样外向的孩子。我和孙小蹦是同一类人，所以我能包容这样的孩子，也终于体会老师为什么那么讨厌我这样的孩子。

"今天我们要进行比赛，比赛的奖品是老师翻译的图书《宝贝熊玩转数学》！"

当听到我说这句话时，孩子既兴奋又刺激，他们喜欢比赛，也非常喜欢得到奖品。我和其他老师不一样的地方是，我发明了一种"限奖理论"——当你得到三分之二，对手就不可能得到一半。我的奖品数量是有限的，别人得到了奖品，就意味着你得不到，所以你必须从开始就保持认真与警惕。这种理论运用到我的教学之后，学生们更加投入，因为他们觉得奖品与荣誉是非常珍贵的。

"比赛的第一项是……请认真听清题目要求！"我突然严肃起来，"记录 1 元硬币上面你观察到的所有信息！"

"什么叫信息啊？"孙小蹦喊道。

"上面有什么内容，你把它一条条地记录下来，我看咱们四小天王谁记录得最多最准确，限时五分钟，开始！"

教师有一个通病，容易低估自己的学生，我一直以坚守"我相信我的学生可以"这个信条而自豪。但尽管如此，他们的表现还是大大超出了我的预期。孙小蹦写得最多，写了 12 条，朱小猛写了 10 条，沙小郁与唐小玄写了 9 条。他们在硬币上面发现了年代、银行中文名称、银行拼音、面值、图案、边纹等信息，我感到非常惊喜。

接下来，有意思的教育发生了。我把硬币抛上了天，孙小蹦与朱小猛同时瞪大了眼球，嘴巴变成了长方形……沙小郁皱起了眉头，唐小玄则摸起了下巴。

"当我把这个硬币抛上去了，会发生什么呢？"我若有所思地环视着他们每一个人。

"掉下来砸到了老师的脑袋！"孙小蹦快速反应道，这句话把其他三个学生也逗笑了。

"说得好,这是一种可能！但我想说的是,硬币从抛上天空,到下落到地上的过程中会发生什么呢？"

"会碰到老鹰！"孙小蹦的发言总能够起到"抛砖引玉"的作用，所以取"经"路上缺他不可！而他需要的不过是多一些鼓励与肯定。

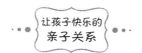
　　"小蹦，你真棒！你可以得1分！"我真诚地赞扬了他一下。突然，孙小蹦挥舞着双臂，像一只可怕的小鹰冲我飞了过来，就在离我不到1米的距离，他停住了脚步，原来左右臂已经被唐小玄与朱小猛拽住，拖回了自己的座位上。

　　我接着说："小蹦说得很好，硬币飞上天，有可能遇到了一只鹰，硬币和鹰之间会发生故事……接下来，我们下面的同学想一想硬币还有可能和什么物体或东西产生关系，发生故事……每一个同学说一样，后面不能重复，轮流说，循环下去不要停下来……谁说不上来要扣1分……"

　　大家的思路一下子打开了，我把他们宝贵的想象力一一记录在了白板上。唐小玄说被风吹走了，朱小猛说撞到了月亮，沙小郁说被UFO吸走了……后来有人提到飞向了外太空，有人竟然说被正在升空的火箭喷的火给烧化了！……他们兴奋地畅想着，眼睛里闪烁着幸福与智慧的光芒。

　　转了两轮之后，到了沙小郁，沙小郁思维深邃，但反应确实稍慢一些，实在想不出答案。此时的他眉峰突起，秋波紧缩，满脸用力的样子，我一看差不多，便对大家说，"好啦，就到沙小郁这里结束，正好两轮……"

　　"老师我还有呢！"孙小蹦嚷道。

　　"好！既然有，你就把它写下来，今天的题目就是《硬币抛上天空后》……

6. 一张 A4 纸打破定势思维

一张 A4 纸有多少种玩法？肯定有人说无数种。这种人要么就是特别爱动脑子，要么就是根本不动脑子。我在某小学的某个班做了个实验，用一张 A4 纸就给学生们带来了很多欢乐与思考。我想用这个例子再次证明我的观点，教师的创造力重于教学设备。（此实验亦可以成为亲子游戏）

第一项任务：钻出 A4 纸。要求利用剪刀将 A4 纸剪出一个大洞，然后所有组员可以从中间穿过去。

当说完这句话之后，马上有学生在中间剪了个洞，并用剪掉的纸张做成了几个小纸人，还在上面写上不同组员的名字，一个个地从洞里面塞了过去。孩子就是孩子，他们会用最直观的方式、最天马行空的思维来解决问题，所以我们要进一步规范要求，让孩子明白我们的任务。我说只可以利用剪刀，将 A4 纸剪成一个洞，是我们的组员一个个钻过去，而不是任何代替物。

终于，有的小组想出了解决办法。将 A4 纸长边对着剪，左边剪一下，右边剪一下，这样就剪成了一个类似于拉花的长条，然后在长条的中间剪一条缝，就成为了一个大大的"圈"，所有人都可以钻进去了。

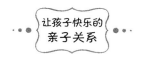

这个游戏不是原创，很多人玩过。你会发现，有经验的孩子，确实成了小组中的主导者，他们有了更多的话语权和更敏捷的判断力。也可以由此证明家庭教育是学校教育的基础。

第二项任务：跳绳。拿着手中的"大圈"练习跳绳。谁说跳绳必须用绳了？跳绳必须用"一条绳子"了？我希望借助这个环节，让孩子们训练反常规思维，打破定势——定势最可怕。在"跳圈"的过程中，孩子们得到了很多快乐。从另外一个角度讲，一个工具可以有很多的用途，很多时候需要使用者自己积极探索，勇于尝试。

第三项任务：跳长绳。用一张 A4 纸做成的长绳你有没有玩过呢？在这项任务中其实有很多的教育思考，其一，工具是可以改造的。和跳小绳有所不同，长绳需要我们改造这个大纸圈，将它从中间剪断，成为一个"长绳"。其二，分享。如何能与大家一起来做游戏？如何让更多的人参与进来？这是亲子关系的必须课，也是把孩子从"自我为中心"的旋涡中救出来的稻草。

第四项任务：跳皮筋。谁说跳皮筋就要拿皮筋跳了？谁说跳皮筋只能是女孩子专利啦？这个任务还是希望孩子们能够打破常规思维。但不同的是，这个项目比较难，在操作中很容易把"绳子"弄断。从这个层面，孩子们可以明白纸与绳子两种不同物体的区别，结构决定了功能。

第五项任务：跳舞。创造力是需要启发的。如果你的第一个项目就是让孩子用 A4 纸设计一个舞蹈，你会让孩子感到非常尴尬与难堪，所以"循序渐进"是教育的不二原则。之前的四个项目都是一个标准答案,而第五个项目却是开放性的要求，这也符合"先集中，再发散"的教育规律。在这个环节中，每个人都是思考者，也是设计者，更是实践者。

第六项任务：自己设计玩法。我一直认为中国的教育，教法非常丰富，教育目的与目标却相对单一。从表面上看教师是狠下工夫的，但是实质上教师是按照自己的意图再塑造学生，而不是满足不同学生的学习需要。任何课，最终落脚点应该是学生能力的运用，学生情感的表达，教师应该是舞台提供者。在这个环节，我真正看到了孩子们强大的创造力，有的人把"纸绳"变成了军人训练的障碍物，有的则把"纸绳"化作比赛的终点线，有的把"纸绳"当作身上的装饰物……

我希望这节课能够启发孩子们一点儿思考问题的新思路。

7. 反向家庭教学法

　　作为三大教育的基石，家庭教育越来越受到全社会的广泛关注。亲子教育其实就是家庭教育的范畴，亲子教育的核心是亲子关系的建立与维护，这其实也是教育对于社会与家庭的贡献。教育以一种较为温婉而积极的方式为和谐社会做着巨大的贡献。尤其是基础教育，小学教师需要付出更多的艰辛与智慧，才能让孩子们适应新的环境，即从以自我为中心的家庭环境到强调规则与协作的集体环境。

　　在我做小学教师的那几年，我深刻体会到，学生在变化，教师也在变化。学生变得见多识广，思维敏捷；教师变得博学多才，宽容可亲。没有办法，这是这个时代的要求。很多校长、教师都在考虑校内与校外教育资源的整合，其中最突出的是"家校合作"。有人认为这是教育的革命，可以为学生提供更好的教育环境，同时还可以促进家庭和谐；也有人认为这无疑是把教师的教学目标分配给了家长，无形中增加了家长的负担。对于这个问题，来自翠微小学的于千老师有着自己的见解，她认为，"家校合作是件好事情，它的存在不是为了家长与孩子们共同完成教师要求的作业，而是创造了一种互相学习的环境。"我非常赞同于千老师的这个观点，并相信她肯定拥有这种实践经验，于是走访了她。

于千老师曾经在北京市东城区教书，在通州区支教，一年前来海淀区翠微小学。教学经历丰富的她对于翠微小学的核心理念、教师专业水平以及校舍环境赞不绝口，以至于忘记了我是在拜访她，而不是她的学校。

幸运的是，于千老师刚刚上完了一节二年级的兴趣课程《北京历史文化》。面对这个严肃的课程，我是真不知道如何对六七岁的孩子开讲。于千老师说课堂上会利用多媒体，给他们放一些影片片段或经典图片，但这只是这堂课很小的一部分，这堂课是立体的，延展的，延展到每一个孩子的家庭，每一个父母。

我感觉有些夸张，忙问她是怎么做到的。于千老师笑谈，我的秘诀其实很简单，首先在我第一天接触学生时，就给他们一个新鲜的定位——"我是小家教"。

在我们传统的教育里，教师与学生是非常明晰的两种职业，教师天职是教育，学生使命就是学习。这样一来，就形成一个封闭而单向的工作履带，循环往复。教师一心一意，然而却难以突破自我；学生唯命是从，却无法视野开阔。此后，有人提出了教学相长的观念，这就是说，在课堂教学里，学生要获得进步，教师同样也要有所增长。这个观点其实可以认为是学生地位的提高，因为在这个观点下，教师与学生都是学习者与受益者。然而，你会发现，"教学相长"的最大收益者还是教师。

于千老师最可贵的地方在于，她看到了如何让学生获得进步的捷径。很多学生对于学习失去兴趣是从小学开始的，原因其实很简单，学习与游戏不一样，它不能给我带来成就感与满足感。而学习优异的孩子们也不过拿到成绩单之后获得短暂的快感。于千老师认为"学以致用"就可以解决这个大难题。让

孩子做父母的"小家教"，就是这种理念的一种实践。

今年她在翠微小学开设了《北京历史文化》兴趣课程，很多学生一听是她上课都踊跃报名参加。她在第一堂课就告诉她的孩子们，你们不是单一的角色，或者说你们不仅是学生。学生一听，感到好奇。于千老师说，你们既是学生，也是教师。这句富含哲理的话听得学生们热血沸腾，因为没有人这么说过。她告诉学生，我可以教给你们，你们也可以教给父母，因为你们知道的，父母未必会知道。下面有些表示怀疑，她说不信，我们就试一试。他让孩子们回家去问父母两个问题，如果答出来了，就表扬父母，如果没有答出来，就耐心地教给他们答案，这两个问题是北京的历史有多少年？北京最初的名字是什么？

下次课的时候，孩子们非常高兴地分享了他们的经历，孩子们表现得非常得意，因为绝大多数家长并不知道这两个答案，事实上只有一名家长说出了正确的答案。孩子们在做"小家教"的过程中，真正产生了成就感、价值感与满足感，这就是学习的乐趣。

就在刚上完的这堂课上，于千老师让孩子们回家与父母分享一种北京小吃，然后由父母给他们讲讲小吃的来历与配方。如果不知道，下节课讲完了，再向父母"传授"新知识。

于千老师管她的这个方法称为"反向家庭教学法"，并准备把这种方法介绍给其他的老师和家长们。我觉得这种方法很妙，反向教育真的是低年级学生"学以致用"的经典案例。

后来，我们又谈到了很多。于千老师认为反向家庭教学法归根结底就是"学以致用"的一种尝试，再说的具体点，就是社会实践的一种。让孩子的学习与社会实践能够紧密联结起来，她相信这是未来她努力的方向，也是教育发展的方向。

第 **5** 章

如何让亲子沟通更加畅快

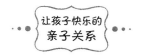
1. 亲子关系和谐的秘方

　　都说中国社会是一个关系社会，孩子上学，老人看病，年轻人求职，中年人升迁，大到全国的项目，小到邻里的互助，有了关系则方便，没有关系则徒劳。人们总是不禁感叹，某某人是哪里来的关系？似乎没有关系，就没有了希望，是不是这样呢？

　　我们从小学到大学，教育孩子始终是个人努力，先苦后甜，吃得苦中苦，方为人上人，一分耕耘一分收获……这些金科玉律填满了孩子空白的大脑，进入社会之后，却又一次次被倾倒了出来。很显然，我们没有告诉孩子一个真实的社会，我们在用大白兔和小灰狼的故事搪塞孩子，将孩子带入一个误区——社会是个公平的竞赛场，我们每个人站在了相同的起跑线上。倘若真的是这样，我们只需要埋头拉自己的车就好了。事实上，想成功，想发展，甚至想生存，确实需要自己的努力，但是，一个人的成功不是靠一个完成的。人是环境的产物，所以他的改变也必须在环境中实现，由环境中的所有，至少是重要因素来决定。那什么是重要的因素呢？人！有些人总抱怨，"哎！人的命，天注定！我就没赶上机会！"他的话中，命、天、机会都说的是人。只是他没有与那个"能人"或者"贵人"相遇而已。

传统的精神分析理论认为人的发展或行为都是来源于生理的内驱力。而后，弗洛伊德的女儿和其他学生都在试图推翻这个观点，他们认为环境，尤其是人与人之间的关系更深层次的影响与制约着人的行为与发展。

每个人都热衷于成功，每个人对成功都具有自己的定义。但可以肯定的是，成功是由多方面因素混合决定的。我在大学期间通读了成功学大师易发久的《成功一定有方法》，该书是第一本让我对未来充满期望的书，易老师富于生活化的语言以及经典的案例，令我如痴如醉。虽然他也像其他成功学大师一样，强调"心态决定一切"，但可贵的是他同时提出了一些操作性的方法。如"掰蒜瓣计划法"，即将自己的计划分解，每天完成一点点，步步逼近成功。印象最深的还是他介绍成功实例。某人经过努力，成为区域经理，由于老板升迁，被提携，获得高升。某人经过努力，成为部门主任，后由朋友推荐，到一家新公司担任副总经理。当时我是毫无质疑，之后，我再次翻阅时，却发现当时忽略了一个细节。在易大师介绍的成功人士中，都有一个类似的经历，即"经过某人介绍或推荐"。这个发现令我欣喜若狂，因为这个发现我也成为了大学里有名的"成功大师"了。我提出了成功三元素：天分、勤奋、缘分。天分是遗传因素，勤奋是个人努力，缘分就是良好的人际关系。

有一位皇帝微服私访，路过一个小村，天气酷热难耐，一个秀才与农民同时碰上了。秀才写了一首诗，被士兵拦了下来。农民给皇帝打了一杯井水，皇帝高兴地喝了，还给了农民大大的赏赐。秀才不服，说皇帝昏庸。皇帝一笑，说道："他才不如你，你缘不如他。"

可以看出，皇帝的评价真是一语中的！缘就是做人，就是

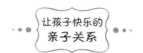
人际关系嘛！在社会心理学中，人际关系就是研究的核心内容，它的定义是人与人之间的心理距离。可以说，农民的一个举动，拉近了他与皇帝的距离，没动钱，没动武，只动了一下脑子，皇帝就动心了。

后来，我进一步学习了社会心理学的相关知识，总结出自己的人际关系技巧——CASH，希望能给大家一些启发。我一直认为，亲子关系和人际关系没有什么太多区别，如果家长人际关系处理得好，他的亲子关系也一定会很出色。

CASH 是四个单词的组合，Communication（沟通）、Activity（活动）、Smile（微笑）、Help（助人）。

Communication 沟通

沟通是一个世界性的难题，否则就不会有战争与矛盾。沟通的障碍在于利益或观念的不一致。很多情况不是沟通导致了矛盾，而是因为矛盾导致了无法沟通。尽管如此，高超的沟通人员，依旧会选择恰当的时机，通过恰当的话题把双方或多方团结起来。人与人之间的矛盾是永远存在的，沟通则是一条人际关系的通幽小径。沟通能力成为了一个人的软实力。它以最快的速度达到人际目的。与孩子沟通，需要注意一些细节。

1. 树立正确的沟通观。

我们先来看看沟通的定义。沟通是人与人之间，人与群体之间思想与感情的传递和反馈的过程以求思想达成一致和感情的通畅。我没有苟同这条定义的全部。在我看来，定义最后谈到沟通的目的是不准确的。通过沟通达到思想的一致是一种牵强的提法。就拿父母与孩子来说，从年龄、成长背景、受教育程度都有着太深的代沟，我们无法让对方完全接受我们的思想，也没有必要让孩子全盘接受。事实上，随着时代的进步，父母一代的观念也在逐渐"退伍"，而孩子们却在媒体、学校、社区、网络中接受最新的语言和信息。我们希望让孩子们通过沟通建立自己的观点，并学会分析与采纳他人的观点。

亲子沟通的目的，不为别的，就为了亲子情感的通畅。在用心、用情的沟通之后，亲子之间增深了感情，双方都获得了归属感的满足。这让我想起了人本主义大师罗杰斯提出的"无条件的爱"。认为去除日常教育中的那种功利色彩，强调还原亲情那种简单的形式。可以说，沟通就是为了建立这种无条件的爱理解孩子、关心孩子、为孩字的困惑提供免费的咨询，为孩子的理想提建议。这种用沟通表现出来的爱，最终会影响孩子的一生。这种由表及里的真诚与无私也是亲子沟通与其他沟通最本质的区别。

2. 沟通的姿态。

一直以来，教育专家在讨论着一个很滑稽的问题，即以什么姿态和孩子说话。在老教师的教育词典中，只有"尊师重教"四个字。为了树立威信，教师们要板着脸，插着腰，站在高高的讲台上说话。时代进步了，有些不知名的专家提出要蹲着和学生说话。这种难拿的姿势就是为了表现教师的高姿态，同时表示对学生的尊重。也许没有老师蹲下来，可是这种做法真的对学生心理成长有好处吗？更有意思的是，如今教师的地位一落千丈：学生不能大骂，家长不敢得罪，教委发号施令，校长一言九鼎——在这种四面楚歌的环境下，教师的心理已经是压力重重。这样一"蹲"，心态更加扭曲了。

依我说，我们不用想着站着、蹲着、坐下，还是趴下和学生说话，我们要用一个正常人与正常人对话的心态与孩子沟通。

从出生开始，人就处于接受社会化的过程，这是社会对人的一种"再创造"，我们要顺应这个形势。今天与孩子沟通，

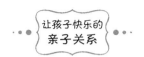

是为了明天孩子与别人沟通。我们要力求站在一个相对平等的位置进行沟通。英文有个单词比较恰切——Discuss（商谈）。在 Discuss 的状态下，人才能激活自己的想法，使人更热衷于表达。

在家庭中，最有效的沟通模式应该是"圆桌会议式"。父母、孩子、也许还有爷爷、奶奶、大姑、小姨，我们以这种方式营造一种民主气氛。孩子在其中会有被尊重、被重视的感觉，她会模仿大人的谈话方式进行表达，逐步建立了理性思维。回想起来，对我成长有最大帮助的，就是这种沟通模式。父母从不打断我的发言，让我观点清楚完整地表达出来。

3. 沟通内容的禁区。

亲子沟通的问题比较明显。就我所接触的，一般有两类，第一类是没有沟通：亲子之间，"爱如空气"，"人如空气"，家长满脑子都想着工作，或者是打牌等娱乐项目，将亲子沟通视为累赘。这种家庭教育下的孩子没有家庭感，很自然沦为"野孩子"。第二类是沟通仅限于学习。"考得怎么样？""班里排第几？""超过小明了吗？"请家长朋友们试想一下，如果你一回家，孩子张口就问，"挣多少钱啊？""这回晋升了没有啊？""和小明他爸谁挣得多啊？"我想，您肯定也是满头冷汗。

沟通要分阶段。初始阶段不要谈及双方敏感的话题，最好以双方都感兴趣的话题入手，如此就会自然形成"兴趣场"。在兴趣场中，亲子双方会自然地互相吸引，达到家庭的和谐。

可以说，沟通不是孤立存在的，它与话题是共存亡的。亲子之间如果拥有充分的话题，就不必担心没有沟通。因此良好的沟通，源于良好的话题。培养共同的爱好，尊重各自的特长，学会欣赏对方的生活方式。

譬如，母亲可以与孩子一起学钢琴，让孩子给我们讲解与补课。这样使孩子有了成就感，又巩固了所学知识。

亲子共读是我能想到的最佳的话题！一本好书，价格不贵，却丰富了两代人的经历。

一个善于沟通的家长，必然知道沟通对于他工作与生活的重要，也必将这其中的诀窍传授给孩子。让这一经验资源成为孩子一生的财富。

Activity 活动

每个单位都会有工会。工会会组织员工们开展一些丰富多彩的活动。目的无非有两个，其一是丰富员工业余生活，其二是增强集体凝聚力与向心力。其实，活动对于个人而言，也有着更具价值的用途——在共同参与活动中，人们会让自己放松下来，认识真正的自己和他人。

上海的简浩炀老师曾经说过，在与孩子进行相处时，不要总说"做游戏"，而要说我们来做一个"活动"。游戏与活动的区别在于目的性，游戏单纯为了娱乐，而**活动的优势体现在分享体验与收获心得。**

亲子活动是在亲子共同参与下完成的。在亲子活动中，孩子既体验了快乐，又学习了如何与人相处。与人相处的越多，他就越适应这个社会。

我最早提出这个观点是针对大学生的。现在的社会要求高级复合型人才，也就是既要博学，也要精学。"精博"在短时间内很难修炼，但培养快速的信息处理能力确是当务之急！我主张大学生参与能参与的一切活动，如学生会、团委、红十字会、征文大赛、摄影大赛、书法大赛、歌手大赛……有人说，这是自不量力，要我说这是在丰富自己的经历，锻炼自己的能

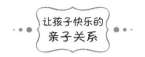
力。丰富的历史终将成为未来人际交往的谈资（即话题），也可能成为你认识"贵人"的桥梁，也许会成为你与恋人的"媒人"。总之，活动的奖励与评价并不重要，我们需要的是无形的"奖励"，这种"奖励"一定会在日后大放异彩。

针对少年儿童，活动就更为重要了。以体育活动来说，不但锻炼了身体与意志品质，也让他们在竞争中学会合作与取舍，这是他们人际关系的起步。在挫折与失败之后，孩子们开始总结经验，开始懂得与人沟通，来达到一个共同的目标。

亲子之间除了开展体育活动，还有看电影、参观画展、唱卡拉 OK 等，这些丰富而又健康的亲子活动，相信会从多方面培养孩子的能力。

除此之外，我要着重讲一下"亲子关系拓展"训练。

最近几年，有一个名词特别火，叫做"素质拓展"。各种单位总会组织员工到一个山清水秀的地方，安营扎寨，然后开展一系列的活动，最后让大家分享感受。

这些活动大多数源于心理团体辅导或社会工作，活动经典而耐人寻味。在最后分享的一刻，大家都能说出内心的感受，并感觉集体其乐融融，欢聚一堂。我一直都想，能不能将这样好的活动移植到亲子关系当中呢？如果有机会我会专门出这样一本书。

活动既锻炼人际关系能力，又能增进人际关系。在活动中，我们可以认识更多的人，为我们的成长与发展寻找契机，这个道理让孩子越早知道越好。

Smile 微笑

达·芬奇的传世之作《蒙娜丽莎》拥有空前绝后的盛赞。并非因为那位天庭饱满的资产阶级妇女的美貌，也不是因为她身后幽深茫茫的山水风光，却是源于她那神秘而惬意的一笑。画家将女主人公内心世界跃然纸上，透过油画，我们仿佛聆听到了她的心灵。无论在何时何地，你正在何种奔波劳碌，当你驻足在她的面前，你都会放下自己的行囊，陷入静谧的思考。仿佛她正在默默倾听你的心语，而你未曾开口，她已然洞察你的烦忧——这就是笑的作用，一种温柔的力量。

金庸先生笔下的女子仅用嫣然一笑就化解了一场干戈，聂卫平的标志性笑容让对手心神不宁，周总理的谦和之笑赢得了世界人民的喜爱，为新中国成立初期的外交事业奠定了牢固的基石。不要小看笑的功用，它可以说是人际交往的一块敲门砖。

试想一下，你走在一个陌生的城市，迷了路，迎面走来两个当地人，一位愁眉苦脸，一位喜笑颜开，你会更愿意询问哪一位呢？

试想你去一家商场买东西，在各个柜台经营商品类似的情况下，导购一个面无表情，一个笑逐颜开，你愿意光顾谁呢？

试想一下，你是一位企业招聘专员，面对万千求职者，映入你眼帘的，是沮丧自卑的，还是微笑自信的人？

有一个常识，笑会让人更美。当你眼光充满温柔之光，嘴角微微上翘时，是你最美的状态。人们都愿意趋向美好的事物，自然也就在人际交往中向你倾倒了。

在古希腊，一位大哲人曾说，因为笑，所以开心，因为哭，所以悲伤。乍一听，是不符合逻辑的。我们经常是因为某一件事情影响到我们的情绪，进而影响我们的表情，难道不是吗？

直到 20 世纪 20 年代，也就是行为主义盛行的时期，人还被认为是环境条件反射的产物。因为我们接受了外界的刺激，我们就会有对应的反应。是因为有了发笑的刺激，我们才可以

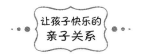

笑；倘若我们遇到让我们哭的刺激，我们定然不应该笑。又过了几十年，认知心理学的光辉才闪耀出来。他们承认人与动物的区别，在接受外界刺激之后，会有内部的信息处理，也正因为此，人与人在对待同一件事情的反应上是大相径庭。直到今天，才出现了"情绪管理"这门科学，认为人们可以能动自觉地调整情绪去完善自己，协调与环境的关系。

有一段时间，我在知心姐姐工作部做潜能培训师，有机会与真正的知心姐姐卢勤共事。一位60多岁的老人在我的印象中应该是满脸皱纹，腿脚笨拙的形象。可是每次见面，无论台上台下，她总是给人"玉树临风"的感觉。也许这个词不适合老人，可是我确实觉得她满面春风，底气十足，不像一个传统观念上的老人。有一次，我们在郊区的一个地方开展夏令营活动。清早，我一个人在大厅里弹钢琴，不一会儿带队老师陆续起床，从大厅侧目经过。只有一个红色的身影停在了我的面前，我一抬头，估计脸比他的衣服还红，竟然是卢勤老师！卢勤老师主动而快速地与我握手，温和地说，你很有才华！卢勤老师的这句话给了我强大的鼓励，她那慈祥的笑容则让晚辈的我感受到她的亲和与博爱。她只是一个笑容，仿佛真的成为了我的姐姐，少年儿童们的姐姐。

每一次讲座，我比少年儿童听得还认真。卢勤老师强调最多的也是我最想和家长朋友分享的三句话，"太好了！""我能行！""我帮你！"这三句话最核心的内容是教给孩子一种乐观积极的心态。她说，无论遇到什么艰难险阻，都要说，"太好了！"她要求营地的小孩子们，将这句话挂在嘴边，被蚊子咬了说太好了，摔了一跤说太好了，被人批评了也说太好了，这就是教孩子一种挫折应对模式，培养孩子一种坚强和包容的品质。在我看来，坚强与包容是人最重要的品质。不是遇到好事才开心，而是微笑着去面对生活。

在拾人牙慧之后，我想告诉家长朋友们，有了"开心"的心还不够，因为你在人际交往过程中，还需要信息的提供与交换。说直白些，就是你需要让人知道你的开心。人总是愿意和开心的人在一起交流，微笑打开了人际关系的大门。

微笑是演员的专业，她们需要整日面对镜子练习基本功。经常微笑的演员会在观众心目中得到较高的分数。我们不妨也学学，对着镜子调整一下自己的笑姿，记录下最佳的状态，重复练习，让微笑成为我们的一种习惯，成为我们展开人际交往的"武器"。现在就与孩子一起，练习微笑吧！让微笑营造良好的家庭氛围，让微笑成为社区里你们家的符号。

家长的微笑让孩子感到安全，感到自信，这份福祉将影响孩子的一生。

真诚的笑可以获得信任，坦诚的笑可以获得理解，坚定的笑可以化险为夷。会笑的孩子会获得更多的发展机会，受到更多人的喜爱，给更多人带来快乐。一切好运源自笑。

Help 助人

小时候，看过一个外国电影。一个好心人把一匹落入陷阱的马解救了。脱缰的马儿一路狂奔，一溜烟儿就不见了。好心人欣赏着马儿离去的背影，他感到非常开心。突然，从一块岩石的后面，窜出一条眼镜王蛇。说时迟，那时快，蛇很快爬到他的跟前。他尽全力向后撤，眼看大蛇就要张开血口，由远及近传来了轻快的马蹄声，好心人的救星来了——那匹被救的马风驰电掣般赶来，用乱蹄将眼镜王蛇踩死了，嘴里还不停嘶鸣着，仿佛关心安慰着好心人。

助人自助，此话有理。

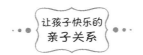

如何拉近人与人之间的关系？靠沟通、靠活动、靠微笑。但最终要的，我想恐怕是助人。当你在某人火烧眉毛，手足无措时，为他提供切实有效的帮助，某人定会感激到鼻涕眼泪一起流。也许只是简单的一个动作，却能很快建立一种新的关系。与其他方法不一样的是助人具有明显的利他性，所以最容易让人接受。从陌生到助人，从助人到互助，这两次飞越，便使一对路人，成为了朋友。在一个班集体中，最受欢迎的学生不是学习最好的，也不是纪律最好的，却是最爱帮助人的学生。告诉我们的孩子和我们自己，助人可以提高人际吸引力，即我们俗称的魅力。

助人不仅利他，也同样利己。在帮助别人之后，会产生一种千金难买的成就感。不是对方的报偿与赞美所赐，而是我们自己对自己价值的承认。除此之外，助人的好处在于提升自己某方面的能力与潜质。

在我上高中的时候，非常喜欢或者说善于给别人讲题。有一次，我嫌麻烦了，就拒绝了一个女孩子的提问，并善意劝她去找全班成绩最好的尖子生。没想到，这个女孩子竟然大发雷霆，大声喊道："我就是让你讲！"全班同学回头看我，让我感到不助人是件"可耻"的事情。

从那以后，我尽量不拒绝任何一个需要帮助的同学，在给他们讲题过程中，我加深了知识的记忆与理解，最终也成为了班上的尖子生。

助人，在词典中的意思是为人提供方便。无论是物质帮助，还是心理帮助，一定是伴随对方的需要而产生的。由于不了解对方所需，帮了倒忙的，屡见不鲜。比如，一个剧组正在拍摄歹徒抢劫的镜头，你作为一个路人，以超人的身份与速度飞奔过去，三下两下把"歹徒"打成了重伤，这显然不能算是成功的助人行为。所以，我们在讲"助人"时，不要单谈道德层面，而也要注意它的"技术层面"，及我们如何正确帮助同学、家长、老师。请让孩子们记住以下原则：

1. 尊重对方的原则。

相对于求助者，助人者是站在心理高处的。所以，在这种关系失衡的前提下，更要尊重对方的意见。一个自尊心极强的学生，当他做不出答案时，他不希望你直接参与他的精神世界，而你却可以提供心理上的帮助。你可以告诉他，这道题是有些难的，通过你的智慧与努力很快就能攻破它！也许有人会想，他最后很可能没有做出那道题。但从内心深处，他却对"助人者"充满了感恩，他也从"助人者"那里获得了力量。

2. 量力而行。

中国字就是蕴含深意。一个"力"概括了一个人所有的"助人资本"。你想过吗，你究竟拿什么来助人？

一位老年人在路边突然晕倒，一名小学生正好从旁边经过，他应该怎么做？按照我们的传统思维，小学生应该本着人道主义精神和助人为乐的品质，以迅雷不及掩耳之势将老人扶起，火速送往医院……

事实上，小学生在助人时也需要量力而行。先问问对方需不需要帮助，再问问自己能不能帮助对方。一方面，小学生从体力上很难将一位老人支撑起来；另一方面，由于小学生甚至很多成年人不具备救助知识和医疗常识，在一些特殊疾病发作后，是不应该移动身体的。正确而科学的方法便是寻求专业人员和警察的帮助。

3. 自我保护。

当我在芳草地小学教书的时候，我就问了我的学生。如果

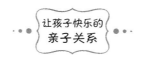

地上有钱包，到底该不该捡的问题。丢在地上的钱包，在孩子眼中只是一个钱包，而在家长眼中也许是圈套或麻烦。为了自我保护，在这种情况下，依然需要警察的帮助。

接下来，我想说说亲子关系中的几种模式。由于位置的优势，父母对于家庭有着实际的控制权和领导权。采取哪一种模式，自然是由父母决定的。集权式、民主式还是自由式都存在着自身的缺陷。不如尝试"互助式"。在家庭中，亲子之间采取互助模式，对于孩子的社会化与个性成熟最有裨益。在互助中，儿童学会了责任，更学会了关心！体会到了温暖，更体会到了成就！

在这里，要与孩子分享一下：**助人不是为了获得及时的回报，而是与人建立一种亲密的人际关系。**这种人际关系为日后的生存与发展，提供了一种支持与保障。

当孩子扫了一次地，不要给他一元钱，因为一元钱会破坏了他的成就感；当孩子帮你捶捶背，不要答应给他买个玩具车，因为尽了孝心足可以让他感受快乐；当孩子考试得了100分，你要表扬他，更要告诉他成绩不只是他一个人努力的结果；当你发了奖金，也要想到孩子的贡献，因为他没有惹事，没有生病，这才让你的工作如此顺心。

建立良好的亲子关系是每个家庭幸福的基础。孩子的性格与亲子关系最为密切。**良好的亲子关系是父母送给孩子最好的礼物！**

$\mathcal{2}.$ 亲子沟通的方式与话题

亲子沟通为什么会出现问题，为什么 3 ~ 6 岁的孩子的家长不能够与孩子进行高质量的沟通？

针对这个问题，我还是先说一下亲子沟通的重要性。

如果说 0 ~ 3 岁的重心应该全然放在儿童行为能力与良好习惯培养上（依靠感统训练与物质奖励正确行为的方法），3 ~ 6 岁的育儿重心就应该放在亲子关系的建立与情商培养方面。我曾说，智商决定聪明，情商决定幸福。谁都希望自己的孩子幸福一生，3 ~ 6 岁恰恰可以决定这一件事情。心理大师阿德勒说过，母亲与孩子的关系是孩子未来人际交往的理想典范。不错，你和孩子的关系处理方式，是孩子模仿的对象，是她一生处理人际关系的模板。亲子沟通是亲子关系的核心，它的作用无与伦比，错过了这个时期，无法弥补，终身遗憾。

接下来，我就说说造成亲子沟通障碍的原因：

1. 社会原因。

如今的父母，尤其是"80 后"的父母，生活在一个社会竞争异常残酷的时代。就算父母身体健康，孩子平安，我们还是要承担够多的压力。我们整日考虑着如何在单位立住脚，把工作处理好的同时，要担心与领导和同事之间的关系，我们有

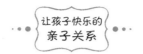
些不堪重负。回到家，我们真的缺少精力认真地对待可爱无比的孩子，这是一个不争的事实。

2. 父母原因。

父母可能从事银行业，房地产业，但不具备科学的育儿经验，这样在与孩子相处时，不知道使用哪种正确的话题，往往语言比较零散，方式比较随意。在很多时候，我们沿用了父母对于我们的教育方式，如散养或家长制。可以肯定的是，我们之前教养方式多少都存在些问题。"放养式"与"家长式"教养方式危害显而易见，被大家推崇的"民主式"一直被大家所推崇，但在我看来民主缺乏集中，这对孩子的家庭归属感与责任感的建立影响甚坏。我提出了"互助式"教养方式，也得到了我的导师渠淑坤教授的赏识。我会在下面的内容详细谈到。

3. 儿童原因。

沟通的核心内容是话题。换句话说，没有好的话题，就没有好的沟通。0 ～ 3 岁的儿童在信息交流方面处于被动方，他们在家长正确的引导与刺激下，锻炼了视觉、听觉、本体觉（运动觉）、触觉与平衡觉，这些基本感觉统和起来，完成日后各种基本与高难度动作。同时，儿童这是利用这些基本感觉捕捉着来自外界的各种信息。0 ～ 3 岁的儿童处于感性思维阶段，他们能够提出的话题基本而简单。3 ～ 6 岁时，儿童从感性思维向知性思维过渡，随着信息获取的整合能力提高，他们对于事情的了解也更加全面，但毫无疑问，他们的话题仍然带有"自我为中心"的标签。而这个时候，恰恰需要家长对他们进行引导。可以说，孩子在此时，仍然不会主动提出比较好的"话题"。

那么，如何建立好的沟通呢？

1. 从方式角度谈。

理性与商谈是我对于成人沟通的特征描述。很显然，儿童之间的沟通不是这样的，他们的对话充满了感性与任性，这是同辈群体的沟通特点。我们家长不需要改变什么！4～6岁的亲子关系恰恰是日后儿童人际关系的模板，所以我们如果以近乎成人的方式与孩子进行沟通，对于孩子百利而无一害。6岁之后儿童要实现心理上"断乳"，或者说心理独立，靠的恰恰是4～6岁时亲子关系的正确建立。

2. 从内容角度谈。

0～3岁培养的是孩子的行动力与执行力，4～6岁培养的是孩子的情商，情商的核心内容是人际交往，人际交往的核心内容是沟通，沟通核心内容是话题，话题的核心内容是共同兴趣。

所以，沟通的内容都是基于沟通双方或多方的共同兴趣，这一点可能是之前没有谈到的。很多家长希望孩子喜欢读书，他自己都不看书，这就是沟通最大的障碍了。我还是想具体举一些沟通的例子。

（1）亲子运动。无论大人与孩子都应该坚持运动，在运动中我们拥有共同的目标，运动之后我们自然会有心得与体会可以分享。运动中孩子磨炼了品质、了解了规则，沟通中孩子得到了鼓励与运动技巧。

（2）亲子阅读。我工作的一半时间，用来推广亲子阅读。近年来，我们谈得最多的是功能性读物与功能性阅读。最近，我们发现有很多情商绘本，我觉得非常适合4～6岁进行亲子共读。但前提依然是，如果你看见书就头疼，就先不要与孩子亲子共读，我们更多时候需要先调整自己，让自己成为一个兴趣广泛的人。

（3）家务事与家务活。我非常批判那种"学习是你的事情！家里的事情都不用你管！"简单的家务恰恰可以让孩子找到自

<u>己的定位、归属感与个人价值</u>。独立，不是让一个人六亲不认，而是让他明白独立是依靠家庭的"独立"，独立是贡献家庭的"独立"。儿童是要独立，但不是要孤立。要让她感觉到，他是家庭中的一员，家庭非常需要她的存在与贡献。从小参与家务活，儿童会认为这是他应该做的。

（4）父母的工作。有多少家长会跟孩子聊自己的工作？我想是很少的。你会觉得你的事情小孩子怎么会懂呢？专业的事情确实跟小孩子讲不通，但是工作的基本情况却是对于儿童了解父母、了解社会最难得的资源。我们把我们在工作上积极努力的表现告诉给孩子，我觉得作用远远高于名人或成功人士。

（5）父母或孩子的梦想。我们的未来和我们现在的努力是一个整体，我把这个观点称为愿景理论。如果人有了愿景，就会为愿景付出自己情愿的努力，因为他知道他每努力一次，就会让自己离愿景更进一步，知道最终的实现。刚才我说到了"互助式"家庭教养模式。在实现各自愿景的路上，亲子之间是互助的。你不要小看孩子的力量，也不要轻视自己对于孩子的影响。作为家庭的成员，个人梦想都是依靠家庭这个背景而实现的。

3. 你的这句话是引导还是误导了你的孩子?

有这么一位家长,是地地道道的足球迷。他费了九牛二虎之力,得到了一个足球,这个足球可不一般,上面布满了他喜爱的球队所有球星的签名。他把这个足球放在了客厅里最显眼的位置,用来天天欣赏。他有一个特别可爱的儿子,有一天突然对他说,爸爸,我们一起玩这个足球吧! 他一听,特别严肃却也耐心地说,孩子,不可以,这个足球上面有签名啊! 说完,就上班去了。一天过去了,当他一进门,儿子正兴高采烈地捧着一个干干净净的足球跑到他的跟前,说道,爸爸,我们现在可以玩这个足球了,上面的签名被我弄干净了! 大家可以想想那位爸爸当时的表情……

与小孩子说话不单是门艺术,更是一门科学。一句话可以引导孩子,让他们驶入人生正确的航线;一句话也可以误导孩子,让他们陷入明天的沼泽。教育学之父裴斯泰洛奇就说过,母亲与孩子交流,是孩子未来人际交往的理想典范。可以说,你怎么说,将来孩子就会怎么说。除此之外,语言的使用往往会带有很深的心理暗示作用,要知道 0 ~ 6 岁,尤其是 0 ~ 3 岁的小孩子非常"吃话",他们愿意倾听与相信父母说的每一

句话。

这个阶段的小孩子，正处在性格的"服从期"，为了获得生存经验，他们必须在行动上模仿，在语言上学习。这是因为他们的自学能力与感知觉并不发达，所以父母的一句也就顶上一万句了。我们从以下几个常见问题说起。

客观评价是引导，主观评价是误导。

所有人都躲不过两件事情，一件事情是死亡，另一件事情就是别人的评价。成年人对于人的评价会有很多种反应，有的人一笑了之，有的人却紧张兮兮。0～3岁的小孩子则不一样，他们还是张"白纸"，正等待着父母为他们定这张画的风格。

在现实生活中，家长朋友往往采取两种不太恰当的方式去评价我们的孩子。其一，过高评价。一方面我们望子成龙，另一方面自己的孩子在自己的眼中当然是 NO.1 的！常见的评价有"宝宝是最棒的！""宝贝就是个超人！""你真是个天才，最聪明的天才！"可以肯定这些话都是真诚的，而非客套，其中反映了父母的过度期望。0～3岁的宝宝当然不会感到压力，但他们开始相信自己就是 NO.1，因为这是父母"亲定"的，错不了。然而，这种错误的认知形成了"积极"的暗示效果，并且会埋藏在她的心灵深处。长大之后，这样的孩子会形成功利的性格，由于自己是"NO.1"，他们不能接受自己的失败和别人的负面评价，生活会很辛苦。其二，弱化评价。有一些家长，并不看重评价对于孩子成长的重要意义。他们会这样对孩子说，"你是一个普通的孩子。""我们大家都一样的。""你和其他的小朋友没有区别。"可以说过度评价太"火"，弱化评价的做法又太"温"。如今是一个开放的，主张个性化的时代，良好的个性非但不会脱离群体，反而更容易被大家所喜欢。

拥有个人特点，才会拥有个人魅力，才能增强人际吸引力。就像莎翁说的，世界上没有一片相同的叶子。世界上也没有一个相同的孩子。弱化评价，就是弱化孩子的个体存在，这样做会牺牲她的自信心，甚至形成抑郁性格。

总的来说，带有个人色彩的评价都是误导，会在一定程度上影响孩子的性格，以及如何与人相处的方式。

正确的评价语就是客观的评价，当然我们的语言可以委婉，语气可以随和，关键是让孩子们早一些接受正面与反面的双向评价，同时更加全面的了解自己。还有一种做法是设计《富兰克林表》，在一张白纸的中间画上一道线，左面让孩子写 5 个优点，右面让孩子写 5 个缺点，目的同样是让孩子们客观地评价自己、认识自己。

对于如何看待别人的评价，我想也是对孩子非常重要的一课。很多孩子，包括成年人总是摆脱不了别人的各种评价，他们习惯性地接受暗示。我想用一个比喻给大家一些启发，一个总关注别人评价的人，就好比一盏灯，而评价的人就是那个开关，谁愿意永远做那盏灯呢？

当然，我们也需要让孩子积极吸取别人提出的建议，而不要完全活在自己的世界里。

安慰也分"引导型"与"误导型"。

当孩子磕到了椅子，当孩子摔了跟头，当孩子搭错了积木……孩子会伤心、会哭泣，我们应该说些什么？我们自然会将母爱或父爱大面积地覆盖在我们的安慰中，然而要知道，简单的一句话可能会让孩子学会坚强，简单的一句话也可能让孩子变得务必脆弱。

有一个案例，3 岁的彤彤在家里自由自在地奔跑，突然，

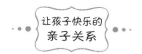

她被桌腿无情地绊倒了。一阵剧痛，让彤彤不禁失声痛哭。妈妈这时候走过来，对她说：只要你不哭，妈妈给你糖吃。这一招确实很奏效，彤彤果然不哭了。貌似很高明的做法，其实仍然是不当的语言。不哭与吃糖没有关系，吃糖与摔倒没有关系，母亲的一句话让这些本来没有关联的事情连接在了一起。这样做的后果是，孩子会形成一种条件反射，只要哭就可以得到糖。传统的做法可能更为可笑，母亲会使劲打桌子，让孩子感觉自己是无辜的，是受保护的。彤彤妈妈的做法有进步，但同样并不是最好的做法。误导式的安慰会让孩子形成错误的思维定势，会让孩子失去独立思维与独立性格，最终更加依赖父母。

正确安慰应该是理性的归因。我们可以一边抚摸孩子的头，一边告诉孩子摔倒是一件很正常的事情。很多家长把孩子的一些举动定义为闯祸或犯错，其实是小题大做。0～3岁的孩子做的任何事情都不会坏到哪里去，唯一坏的事情是他们没有保护自己的意识。可以和孩子说，在屋里活动可以锻炼身体，但是也要注意安全，注意安全是做任何事情的前提，我们虽然摔倒了，但是长了经验，以后注意就不会摔倒了。

不要拦着孩子尝试自己喜欢做的事情，而是引导他们正确地去做喜欢做的事情。

还有一种安慰是基于孩子的相貌的。身体发肤，受之父母，这本是非常值得父母骄傲的事情。然而受到社会取向的影响，家长不愿意接受孩子的缺点，哪怕这是从她那里遗传而来的。有一个案例：有一个女孩长得很黑，母亲从3岁的时候就安慰她说，"你是一个黑美人！多漂亮啊！"等孩子13岁的时候，同学之间都说她是"黑煤球"，她反驳说，"我是黑美人！"同学们更加嘲笑她了。幼年时不合时宜的安慰反而形成了错误的认知，当青春期来临时，对孩子造成了更大的伤害。

鼓励容易误导，建议才是引导。

你喜欢鼓励孩子吗？鼓励孩子里面藏着很深的学问。通常认为，对孩子进行鼓励，可以让孩子做得更好，甚至形成良好的行为习惯。然而你可否知道你的不当的鼓励不但不会让孩子做得更好，反而会让孩子迷恋上夸奖与奖品吗？

鼓励并不是什么时候都可以进行的，就像大餐，偶尔一顿会让人垂涎三尺，然而经常去吃也就觉得平淡无奇。鼓励是精神奖品，这与物质奖励从本质上来说是没有区别的，有些人认为多一些精神激励既省时，又省钱，又省力，三全其美——然而，我们却忽视了培养孩子的独立意识，因为很多的事情孩子是出于自己的兴趣去做的，他们可以承受挫折，我们也应该让他们知道这本身就是实现目标的一部分。有的家长总是自认为很聪明，没事就在孩子身边说："好的，你真棒！""你会做得更好！""真是你做的吗？了不起！"所以，我坚信孩子的行为要分为两部分：当我们主导孩子做事情的时候，如进行感统训练或培养良好习惯时，可以对孩子进行鼓励；当孩子自觉去做一些事情的时候，我们先不要鼓励，当你发现孩子坚持做某件事情，并且没有转移注意力的迹象，又屡遭失败备感伤心时，我们再进行鼓励。

其实，比鼓励更好的做法是建议。建议的内涵是提出解决方法与解决途径。这对于 0 ~ 3 岁的小孩子显得尤为重要。世界上的每件事情对于孩子来说，都是全新的，陌生的，或者说是困难的。我们应该告诉孩子正确的做法是什么，或者更好的做法是什么，这显然是最好的鼓励方法。另外，我们还可以边建议，边进行示范。孩子们的模仿能力很强，而且很喜欢模仿，这也就是为什么"身教往往胜于言传"了。

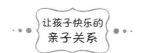

对的批评是引导，错的批评是误导。

如果说孩子天生会哭，家长天生会的就是批评。比起年幼的孩子，经验多我们很容易辨别孩子对的行为与错的行为。我们常见的批评有哪些呢？"这样不对！""太淘气了啊！""你做得太差了！""我揍你啊……"我们会发现，批评成为了家长的一种特权，我们拿它主要用于宣泄对于孩子的不满和自己心头的不快。其实，批评与鼓励一样，都是教育的方法，我们只是没有把它利用充分罢了。

有这样一个案例，3岁的瑞瑞在幼儿园里表现一直很好，老师们也非常喜欢她。有一天瑞瑞的老师把瑞瑞妈妈叫到身边，告诉她班上的小男孩亮亮总是亲瑞瑞。瑞瑞妈妈一听火冒三丈，对着瑞瑞批评道："瑞瑞，你怎么不知道躲着点啊！你知道外人的口水多脏吗？以后离亮亮远点……"

其实亮亮吻瑞瑞也是喜欢瑞瑞的表现，亲吻只是孩子模仿大人的表现罢了。当然，母亲在知道这件事情的时候都会不淡定，但是她却不知道这句话带给孩子的暗示会有多坏的影响——当瑞瑞长大时候，谈恋爱的年龄，花前月下，男孩想亲吻瑞瑞，瑞瑞却万般恐惧地把他推开。因为母亲的一句话可能形成了她的"拒吻"情节，可以说是母亲的一句话毁了孩子的幸福。

正确的做法是，我们应该用合理的方式为孩子解读这个事情：亮亮是你同学，他是因为喜欢你才这样做的，可是要知道，亲吻是大人们表示友好的方式，一起玩耍是孩子们表示友好的方式，我相信你可以很好地处理这件事情。

我们在孩子的对话中，会经常评价、安慰、鼓励或批评，我们只要把握住客观与理性这两条原则，就不会出现大的"误导"。要引导孩子还需要我们阅读更多育儿图书，掌握正确的育儿知识，全面地了解孩子。

4. 如何对不同气质类型的孩子进行社会交往训练？

妨碍孩子社交能力的 4 种做法，你有吗？

每位父母都希望孩子能拥有良好的社交能力，能更好地适应新的环境，但有时因为心情过于迫切或错误的认知，而对孩子进行了适得其反的引导。有些不恰当的做法，不论面对的是何种气质类型的孩子，都是应当避免的。

1. 强迫孩子在陌生人面前表演。

危害：易产生社交焦虑

要知道，不是所有孩子都喜欢在其他人面前表现自己，也不是所有孩子都善于在其他人面前表现自己。家长们骄傲也好、炫耀也罢或只是为了调节气氛，有时会把年幼的孩子推到众人面前表演。这种行为不仅不尊重孩子，还会让孩子产生社交焦虑，严重的还可能会留下"当众情结"，日后一面对众多的陌生人就会感到紧张、害怕。

2. 强迫孩子进入陌生的环境。

危害：不利于孩子内心安全感的建立

在多数家长眼中，社交能力强的表现便是可以适应各种不

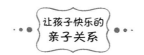

同的环境，所以应该让孩子多去体验与尝试。但是他们可能忽略了孩子的年龄。

在孩子年幼的时候，尤其是 3 岁前，处在安全感建立的关键期，如果在陌生的环境里看不到自己熟悉的人，会感到焦虑、害怕。长此以往，不利于内心安全感的建立，甚至产生"空间恐怖情结"。所谓空间恐怖情结，就是一种压抑在内心深处的心理症结，当青春期或成年时期遇到陌生的场所会产生一种超出正常人范围的恐惧感，表现出高度紧张与焦虑。

3. 过多干涉孩子的社交行为。

危害：有碍孩子自己发现问题、解决问题能力的发展

教育心理学家桑代克曾经提出了试误学习，即错误性尝试，一个人在自己操作了之后得到错误结果后，会自我调整，直到正确。中国家长对于这种方式并不感冒，坚信"教育"的力量，希望通过自己的"英明指导"，孩子们不会走弯路，不会吃大亏。

事实上，有一些事情是必须教育的，比如作息规律、启蒙知识、礼貌礼仪等，但也有一些是需要孩子主观性地发挥与顿悟的，比如社会交往。通过对父母交往的观察，他们明白了男女之间如何进行交往，或者成人之间如何相处；当他们和小朋友在一起时，一方面他们会借助自己观察得来的经验，另一方面他们会自我总结。比如在小朋友之间发生争执后，应该如何收场？遇到了不喜欢的小朋友怎么办？如果父母总是对其干涉，其实是破坏了孩子们自己发现问题、分析问题、解决问题的能力。

4. 对孩子社交中的受挫经历不重视。

危害：易让孩子在社交活动中越来越被动，甚至变得孤僻

社交受挫在成年人眼中再正常不过，但是对于孩子们来说是件大事。比如"明明说不喜欢我！""小红他们不带我玩！"

很多时候，孩子在表达了他的"遭遇"后，很多家长会采取"敷衍"的方式，或者采取注意力转移的方式。

你可知道你的方式也许奏效，但是却可能让孩子们采取压抑的方式来解决同类的问题，下次仍不知道如何来面对和解决相同的问题。社交的早期经验对孩子来说非常关键，这将影响他日后与人交往的模式。成功的社交体验有助于增强孩子与他人交往的自信，相信自己是个受欢迎的人；而若一再地重复失败的体验，且得不到恰当的引导和舒缓，有可能会让孩子的性格变得越来越孤僻，在社交活动中越来越被动。

不同气质类型，不同引导方式。

在避免妨碍孩子社交能力的同时，我们还要懂得"因材施教"，因为每个孩子的先天气质不一样。不同的气质，不同的引导，这样才能更好地帮助孩子发展社交能力。

多血质宝宝：天生的演讲家。

气质特点：多血质宝宝天性好奇，耐心稍弱，灵活性强，稳定性稍弱。他们愿意接触陌生人，也喜欢在大家面前表现自己，但是没过多久他们的思想就会开小差，跑到九霄云外。他们喜欢赞美别人，也喜欢听到别人的认可与鼓励。在面对陌生的环境时，他们喜欢尝试与冒险，胆子很大，也可以说安全意识比较差。他们的社会交往特点是"热得快，凉得快"。

引导策略：多血质宝宝比较容易过于自我，而忽视他人的感受。另外，多血质非常适合赏识教育，他们希望得到正面的肯定与评价。针对于此，父母要做好以下几点：其一，积极鼓励他们与不同的小朋友、亲戚朋友进行沟通交流，并告诉他们这样很棒，很厉害。其二，多带他们去见成功人士或有经验的

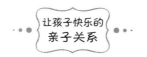

人士，拓展他们的视野与思维，鼓励他们向其他人学习，同时也可以让他们变得很虚心。其三，在他们讲话过程中要认真倾听，或听完他们长长的个人演讲。这样也就让他们学会了尊重别人的发言。其四，当他们打断别人说话或没有听别人说话时，要进行严肃批评教育，养成良好的行为习惯有的时候也离不开惩罚。

黏液质宝宝：天生的实干家。

气质特点：黏液质宝宝，看上去特别老成，好奇心稍弱，耐心超强，有了目标之后，绝不回头。其他再出现的任何事物如果不能有益于目标，都会被视为阻力。从上面的介绍你会发现，黏液质宝宝在社交能力上并没有太大优势。当进入一个陌生环境，他最大的特点是转圈，他不会轻易表达自己的想法，甚至你很难猜到他不一样的表情。

引导策略：他们说话少，目标明确，易把人分为"有用之人"与"无用之人"。针对与此，家长要做好以下几点：其一，成为"有用之人"，了解黏液质宝宝心中的"小计划"与"小梦想，"通过协助他们的方式取得他们的信任。其二，黏液质的人可以接受道理，所以你的"摆事实，讲道理"可以得到他们的认可，告诉这位"小领导"沟通有多重要。要让孩子明白与人沟通与实现他的"小目标"关系密切。其三，沟通从黏液质宝宝感兴趣的话题开始，而不是父母感兴趣的话题开始，然后进行深入展开，进而过渡到大家普遍关心的话题。

胆汁质宝宝：天生的外交家。

气质特点：思维与情绪反应快而果断，情绪易怒，灵活性与稳定性均较差。尽管如此，胆汁质宝宝依旧是天生的外交家。

他们最大的擅长也是最大的爱好，便是与人进行平等的沟通交流。他讨厌居高临危的面对面，渴望得到自由与自我。

引导策略：胆汁质宝宝天生会说话，会交朋友，是性情中人。针对这样的情况，家长们可以做好以下几点：其一，成为他们的朋友，用朋友的语气与他们进行对话。其二，设计谈话的主题，比如茶话会的形式，并与他们进行分享。让胆汁质宝宝明白沟通是有意义有收获的行为。其三，不要无缘无故地赞美与褒扬，胆汁质宝宝非常反感这种不具体的赞赏。

抑郁质宝宝：天生的思想家。

气质特点：当他们遇到一件事情的时候，他们善于捕捉这件事情的每一个细节，并努力结合个人经历，耗费很长时间给出一个令自己满意的结果。他们天生缺乏安全感与归属感，也不善于和陌生人交流，当进入一个陌生的环境中，抑郁质宝宝会原地不动，静静思考着，担心着。

引导策略：他们比较悲观，这是由于他们缺乏安全感所导致的。针对于这样的孩子，家长可以这样做：其一，不要强迫他们一人去表演或冒险。其二，在社会交往方面，可以进行一些示范，供他们参考。其三，多进行亲子互动，或陪伴他们参与集体活动，比如体育运动、乐器演奏等。

另附：想知道你家宝宝属于什么气质类型吗？来做做以下的小测试吧。

关于笑的表现：

A. 很爱对人笑，没人的时候自己想起好玩的事情也会笑

B. 比较爱笑，比较腼腆

C. 在交流过程中特别爱笑

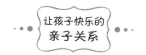

D. 不太喜欢笑，小的时候也比较腼腆

关于哭的表现：

A. 比较会哭，哭的原因很明显，比较好哄

B. 不太爱哭，哭的时候也比较好哄

C. 爱哭，哭声很大，很多时候不知道什么原因

D. 爱哭，但不会大吵大闹，不容易哄

关于陪伴：

A. 有人陪伴，就会"人来疯"；不陪伴，自己也能玩得很开心

B. 陪伴与不陪伴不会有太大变化

C. 喜欢和陪伴的人一起玩，但不喜欢管教

D. 陪伴时会表现出很满足的样子，情绪变得很平稳

当遇到一个陌生人的表现：

A. 主动打招呼，如果发现对方不是好观众，会立刻终止对话

B. 会仔细打量陌生人，甚至转着圈看陌生人

C. 自来熟，主动和陌生人攀谈起来

D. 不会和陌生人聊天，会回避或远望

当你拿出一个礼物：

A. 会问你的礼物是什么牌子的，多少钱，干什么用的等很多问题

B. 没有什么明显反应

C. 会表现出很兴奋，然后说出礼物的名字

D. 会思考你为什么会买这个礼物

当取得了成绩：

A. 奔走相告

B. 默默喜悦

C. 大声欢呼

D. 寻找亲人

关于目标：

A. 目标一般是奖品或者得到赞美

B. 目标是自己定的，有具体的计划

C. 很少设计目标

D. 目标就是自己感觉良好

关于管教：

A. 愿意讨好教育者

B. 你的空话套话他很反感，你的建议与方法他很赞同

C. 从来就讨厌并抵触管教

D. 不太理解你的要求

其中，选择 A 最多的是多血质宝宝，选择 B 最多的是黏液质宝宝，选择 C 最多的胆汁质宝宝，选择 D 最多的是抑郁质宝宝。

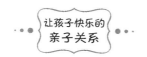

5. 孩子成熟靠"权商"

　　中国人注重以德治国，这是两千多年前就开始注重的事情。这两千年来，有的以礼为德，有的以退为德，有的以爱为德，有的以法为德，有的以孝为德，有的以舍己为德，有的以爱国为德……德成为了中国人生存和行为方式的准则，填充了各个领域行为规范的空白。德让我们知道应该如何与人相处，却并没有告诉我们如何才能做到。这就是为什么我们都向往着大同世界，却不是所有人都为大同世界的到来而努力奋斗的原因。我们只知道什么是好的，却不知道如何才能做到更好。整个封建时代的统治者把德作为稳定政权的法宝，并不在乎个人的生存与发展。鲁迅先生所谓的"坐稳了奴隶"和"准备去做奴隶"两种状态充分表现了中国人苟同求安的思想，用句简单明了的话就是，中国人不知道为何而生，不知道如何去活。前者是说中国人缺乏信仰，后者是说中国人缺乏生存的方向与方法。信仰的话题我不敢去讲，至于生存的方向与方法我也只能谈谈自己的浅显的看法，希望能给孩子的家长，和家长的孩子一些启发。

　　"送礼也送理理礼也送，求德不求得得德不求"，这是我在高中时候写的一副对联，恩师见了大加夸赞，说我"以礼用德"。现在想来，恩师不愧是大师，原来她所说的"以礼用德"不是在夸赞我个人的魅力，而是告诉我将来求存图进的方法。恩师的潜台词其实是"以礼用德而大成"。正如一位名人说言，"小富靠勤，大富靠德"，真理也。在这个功利的社会里，我们单纯去讲奉献是多么的苍白无力，很多时候我们都觉得我们的讲解是在昧良心，哄骗孩子。有些时候，我们的做法和我们的说法也不一致，让孩子不再相信我们和我们的社会。正如道家所说，人不为物所役，道德也是物，我们不能让任何外物牵着鼻子走，而要将外物所用，体现更多更强的主观能动性。在新时代，人的价值和发展被放到了一个新的高度，同时人类社会的竞争也异常的残酷。懂得生存之法的人不会被时代淘汰，而缺少生活经验的人很快就沦为了社会底层。正如我们曾一度顶礼膜拜的大学生们，由于没有社会经验，又缺乏社会贡献，只能拿到让自己瞠目结舌的工资。

德与得同音，二者有着千丝万缕的联系。也许有人不追求德，但没有人不追求得。二者先行后续的关系成为了如今社会的一对逻辑笑话。有人说有钱之后我也行善，有人说我要是富翁我也裸捐……先有什么，后有什么？我们如果放在整个社会层面进行对比，或者简单进行人与人之间的对比，一定争论得喋喋而无休止。所以我必须阐明我的观点。其一，德与得一样，是个人的事情，不要也不能与其他人进行比较。其二，德是得的前提，因为得是目的，而德是方法。

基于这两条，我才敢亮出我的主论点——责任产生权力。责任就是德的核心，权力就是得的核心。之前，我们一直去要求有权力的人去尽责任，这是一种依赖态度。我们不能要求任何遵从你的个人意愿，这就好比让社会去适应你一样。领导、上司、师长、父母他们比我们有更多的权力，这让你心里感到

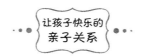

忿忿，觉得他们应该人在其位，谋好其政，多为我们做点什么。其实，他们做与不做，已经不是你说了算，不做顶多落个"不作为"，但他们的权力决定了他们的位置，是一个不争的事实，他们因为他们的位置可以享受更多福利与优待也是一个不争的事实——然而，这一切，都是他们做到的，而且是之前做到的。付出多少责任，就有机会享受多少权力。

我觉得可以将这种"权商"思想渗透给我们的孩子，他和智商、情商、财商同等的重要。我们在家里不霸权，但同样也行使着比孩子更多的权力，告诉我们的孩子，<u>我们的权力来自于我们的责任与贡献</u>。在孩子很小的时候，就让他们去参与家里的讨论与活动，尽到他们的"责任"。不是因为要求他们，也不是因为请他们吃麦当劳，所以才会去做家务，而是因为家务体现了家庭成员的责任。告诉他们，当你们的责任大于家长的责任时，你的权力也就超过了家长的权力。我们多希望孩子能快快长大，那么，就让他们多做些力所能及的事情，并告诉他们家庭需要他的这份力量。当孩子稍微大一些的时候，可以让他策划一场家庭聚会，作为总策划的他负担着全场采购、人员分配、活动设计、场景布置、节目主持、废品清理等各个环节，作为总策划一切由他安排，我们作为助手，进行幕后协同。在一次次的家庭活动中，他的责任感转化成了贡献，进而提升了成就感与自信心。

有权商的孩子会比别的孩子更早的接触社会，并在学校生活中处于"领导"的位置，享受更多的锻炼机会。在芳草地教书的时候，我设计的第一个活动叫"小太阳一二三行动"。要求全校学生每天做一件家务，捡两件垃圾，抄三条国家大事。家务体现了对于家庭的责任，捡垃圾体现了对社会的责任，抄写新闻体现了对国家的责任。半年过去了，我在给全体干部开会的时候，突袭地问这些学生干部。结果，只有大队长一个人坚持做到了。这个孩子高高举起的小手，让我一生难忘。她的责任心超越了其他的孩子，也正因为如此，她才从其他的孩子当中脱颖而出。让我想起了苏格拉底给众弟子留了一个看似荒谬的作业，每天甩胳膊两三次。一年之后，只有一个人还傻傻地坚持着，他叫柏拉图。

无论是智商、情商、财商，还是权商，培养孩子靠的都是两个字——用心。

6. 为别人着想的第一步，
就是不干扰别人

　　昨天看中央七台有一个军歌演唱选拔比赛，四支队伍旗鼓相当。印象最深的是，两只队伍都选择了《映山红》。第一支队伍女生独唱，六位中老年歌手伴唱。第二支是四个男孩通过吉他演出通俗味道。妻子和老丈人都非常排斥第二种演绎风格，我则表示非常欣赏。评委的判断没让我失望，吉他弹唱《映山红》得了第一名。得分最低的是男生下合唱，他们从头到尾合唱，中规中矩。娄乃鸣当场的点评很精彩，她说看一种艺术表演成功与否的标准就要看到它是否能影响到观众，你的一个表情、一种声音，如果让观众注意到了，那才是有效的演出……我非常同意她对艺术的理解，如果我们只想着自我的表达，那艺术就成了自言自语，它的价值就是让人产生共鸣。

　　但艺术毕竟不是生活，我们在日常生活中如果经常影响到别人，就会让别人感到厌烦，成为了社交方面的一大障碍。在中国的餐馆，我们经常感受到和门外大街上一样的热闹。靠窗哥几个喝酒，碰杯的声音能传到靠门坐的大妈耳朵里，不知道还以为一家子包场了。有一次，我去妻子的小学接她，老远听到一位父亲对自己身边的儿子大放厥词，"你他妈为谁学呢？

为我学呢，是吗？……"声音很大，不止震惊了他身边的儿子。姑且不说这种语言是否合适，他的表达方式干扰到了周边的人，这种不好的习惯很可能被儿子日后习得。国外的手机投放中国市场，本土化的一个细节就是将铃声的音量提高若干分贝。中国人也喜欢把手机的声音开得很大，让人以为自己业务很忙，不是等闲之辈。有这个必要吗？

家长的一些不好的习惯，会直接影响到孩子，比如总喜欢靠某种言语、动作、表情或声音吸引到别人注意。有时候也许不是喜欢，是一种追求别人认可的表现。这种做法会带来以下危害：

第一，流于形式，变得肤浅。我们经常靠自己本身而不是成功表现吸引别人注意，会给人一种感觉是欠踏实、欠肯干的。同时，我们自己在处理问题上也会倾向于草草了事，不会去深入思考。

第二，影响社交，人际疏远。任由自己的脾气去影响别人的正常试听，会让周围人表示反感，别人会认为此人虚张声势，甚至自私自利。一个总干扰别人的人，不会让人觉得是淑女或者绅士。

第三，消耗精力，浪费时间。我们与其引起别人的注意，不如集中精力做出令人注意的成绩。在这个视觉社会里，大家都渴望被别人关注，受别人喜爱。当我们采取不恰当的方式，往往让别人感觉难以接受，徒增几分厌倦。

第四，失去自我，淡忘目标。当我们无意识影响别人的时候，其实我们已经忘记了自己本来要表达的内容，还有我们应该做的事情。真正成功的人士，一定是排除别人的干扰，也尽量不去干扰别人，因为他们心中有一个不变的追求和梦想。

第五，心灵痛苦，感觉空虚。世上本无事，庸人自扰之。

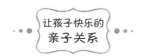

在很多时候。痛苦的人是自作自受，自己不良的行为导致了自己不良的心理体验。

热情并不代表干扰别人生活。热情是替别人着想，怕别人孤独寂寞不适应。而干扰别人则是处于自己内心的粗俗表现，是不考虑别人的表现。

我们要教会孩子，为别人着想的第一步，就是不干扰别人。

第 *6* 章

父母如何为孩子搭建发展的舞台

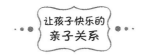

1. 父母是孩子最大的贵人

那天，咨询室来了这么一位家长，她说她的孩子上课注意力不集中，上课时总是有一些单词记不住，发音也不规范，不管她怎么教，孩子也记不住，每天晚上花很多时间教她读书，真不知道如何是好。我一听，这完全不是孩子的问题，而是家长的问题啊！我说的不是家长教育水平低，而是家长根本就没搞清楚家长的定位。家长如果成为孩子的家教，超越了权限，既没有帮助教师，也没有帮助到孩子。相反，儿童产生了错误的认知。第一，学习就是我生活的全部，生活实在太没有意思了。第二，母亲可以给我一些辅导，上课的时候听不到也没有关系。这种错误认知毒害太深，将会持续贯穿他们的学业生涯。

我始终认为在家庭教育中，最核心、最重要的内容是亲子关系。处理好了亲子关系，教育事半功倍；处理不好，教育千难万阻。这个道理其实很好理解，教育是一门学问，但归根结底是一种沟通方式，既然是沟通就涉及沟通的对象、内容与方式方法。

亲子双方到底是谁？亲子双方应该如何看待自己和对方？亲子双方究竟能为对方做些什么？在人本主义心理学中，罗杰斯提出了一个重要的概念——自我概念，即你如何看待你自己。人如何看待自己对于人的成长有着很大的帮助。一个男人把自己看成是绅士，哪怕家里很穷、很乱，他依然要把自己打扮得整洁有序，并为自己能穿得像个绅士，而拼命赚钱，买绅士应该穿的衣服。当然，这个观点存在一定科学性争议，但是对于儿童时期积极心态的建立，个体潜能的开发，不无裨益。在亲子关系中，作为家长，我们首先要正确看待我们自己。

在之前的博文当中，我的《父母不要做孩子的家教》上了点击排行榜，看来这句话确实深深打动了家长朋友们，家长对于辅导孩子学习这件事情有着很多无奈、痛苦甚至埋怨。"**6岁以后孩子的学习是教师与孩子自己的责任，家长不要做孩子的家教，这会破坏孩子的学习独立性！**"我坚信在 6 岁之前做好足够的早教，建立良好的亲子关系，孩子就会在未来的学业道路上乐于前行，并会独立处理师生关系、同学关系在内的各种人际问题。

然而，我的意思，并不是 6 岁之后，就不再管理孩子，只是**我们的关注点应该从孩子的知识学习中拔出来，放在拓展孩子的成长空间上**！你不但要给孩子一个麦克风，更要给孩子一个舞台。之前，我的恩师渠淑坤教授对我提出的"互助式"家庭教养模式大加赞赏，他也同意家庭是家长与孩子的社区，在社区中的个体是互相支持、互相帮助的关系。在家庭生活中，家长应该为孩子创造更多的学习机会，而孩子也可以为家庭做些家务、提些合理建议，甚至大一些的孩子可以为我们家长的工作"出谋划策"——可以说，家庭生活就是家庭教育。

在最近的学习过程中，我有了一些新的想法，和大家分享一下。我认为如果把家长比喻成助手，可能存在某些歧义，并且不够生动。我倒觉得家长更像是孩子的贵人。

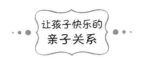

在我上大学的时候，我喜欢看很多成功学的书籍，如《性格决定命运》、《成功一定有方法》。里面举了很多案例，比如谁谁谁，在平凡的岗位上，立下成功的目标，通过成功学的方法获得了成绩，被领导赏识，得到了提拔，后来领导出去单干，把他带走，成就了一番大事业……在千篇一律的案例中，成功学的大师们往往特别强调成功学的方法，并暗示读者通过阅读本书就可以获得成功——我照着办了，也没有成功，才发现"成功其实不简单"，"成功不可以简单地复制！"但是，我又研究了一下，案例为何可以吸引我，原来，每一个成功人虽然是不同的领域，运用不同的方法，体现不同的价值，但是，他们有一个共同特点——幸遇贵人。无论是乔布斯、马云、李开复，还是乔丹，还是姚明、刘翔……他们的成功都是遇到了贵人，这个贵人就是欣赏你，并为你提供更大发展空间的人。

贵人很少自己找上门来的，即使自己找上来，你都意识不到，意识到也会认为他是骗子。但无论如何，贵人的作用对于一个人的成长与成功实在功不可没。

知音难觅，贵人难求。贵人往往是在你所从事的领域中，比你有经验，比你有方法，比你有人脉的人，如果得到贵人的相助自然是人生最大的幸事。**家长应该是孩子的贵人，我们最准确地把握孩子的优势，最相信孩子的能力，最无私提供我们的资源。**

孟子小的时候非常调皮，孟母为让他受好的教育，不惜心血三次搬家！原来他们住在墓地旁边。孟子就和邻居的小孩一起学着大人跪拜、哭嚎的样子，玩起办理丧事的游戏。孟子的妈妈看到了，就带着孟子搬到市集旁边去住。到了市集，孟子又和邻居的小孩，学起商人做生意的样子。一会儿鞠躬欢迎客人、一会儿招待客人、一会儿和客人讨价还价，表演得像极了！孟子的妈妈知道了又搬家了。终于选择了一个适合学习读书的地方，成就了未来的亚圣。

可以说，孟母就是孟子的贵人。当然，不搬迁，孟子可能会成为一位商业巨贾，可见，家长对于孩子有多么重要啊！

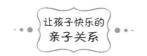
2. 站在孩子发展的角度教育孩子

　　这半年，我一直在海淀区一所学校做田野研究，我发现了基础教育依然存在着一个严重的问题，这个问题从我做小学生时就出现，直到现在。那就是教育的角度。你有没有发现，我们的家长、教师、校外教育工作者都在看书、接受培训甚至咨询专家，每一名教育者似乎都在自我训练，以提高"教育水平"，然而真正到了教学一线，教育者的身份放到了第二位，管理者的身份放到了第一位，你会听到的原因是孩子不好管理，根本不听话。于是，把孩子管理成了听话的人反而成为了第一教育目的。

　　孩子真的不听话吗？不是，是你根本没有对话与他切身利益或兴趣爱好相关的话题。我的经验告诉我，如果举例子一定是让孩子们生活中熟悉的和喜爱谈及的话题，如动漫主角或文体明星；如果谈道理一定要和孩子们自身的发展甚至未来的命运紧密相连，这么做你会得到什么样的生活，你会变成什么样的人。

　　一名班主任早上 7 点半来到班里，从早到晚绷着脸，班里的卫生没有问题，班里的纪律没有问题，班里的学习可能也没有问题，然而，孩子们心里面怎么想呢？孩子们的心智发展了吗？孩子们变成了学习的顺从者，他们因为强势而收敛，他们得到了夸奖，却失去了思考的主动性、自信心以及对生活的热爱。

今天对我来说是一个特殊的日子，学校小学部要邀请我做国旗下演讲，这是我出生以来第一次，因为上学期间算不上优秀的学生，也没有机会做国旗下演讲。我讲的话题是《卫生习惯与个人成才的关系》。

学校里一直在抓卫生，主要的方式依然是扣分。为什么要扣分呢？一方面是督促大家改正，注意卫生；另一方面，不扣分就无法评选优秀班集体。从这个初衷来看，教育者依然是站在了管理的角度在教育学生，而不是从学生个人发展的角度教育学生。

开篇，我先夸赞了一下学生们的表现。我说，虽然中学生不在，我还是要说，我们小学生的卫生比我校中学生的卫生情况好很多！

这是实话，当然也是为了让大家能够放松一下，我给大家讲了卫生检查的五个死角，处理了五个死角，卫生评比就不会出问题。这五个死角包括教室后方铁柜上方的保洁，垃圾桶周围的卫生，窗台的整洁，多媒体设备的卫生以及班门口附近的干净——这是在教孩子们处理问题的方法，也是与他们学生生活息息相关的。

接下来，是我的重头戏。我说我在读研究生的时候，做了一个研究，名叫《卫生习惯与个人成才的关系》。我在找资料的时候，看到了一则故事。事实上孩子们很喜欢听故事，多大的孩子都是一样的。有这么一家公司，是全球顶级的公司，工资也高，环境也好，还有休假，你们想不想去啊？

这一问，打破了庄严的升旗仪式的宁静。"想！"大家注

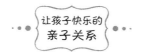
意力都集中到了我这里。我说，我也想呵呵呵。公司招聘人才，让大家到五楼面试，大家穿戴整齐，向五楼跑去。就在楼道第三层的地方，有一个穿着脏兮兮的老头。老头坐在楼梯上，每当有一个面试的人经过，他都要向这个面试的人扔一个脏纸球。你们说他讨厌吗？

"讨厌"！学生们又一次异口同声。你要知道和孩子们在一起，一定要给他们表现的机会，哪怕只是简单的一声互动。

这些来的人素质很高，没有骂老人，也没有打老人，他们绕过他去，直奔考场。到了最后，只有一位求职者，他把纸球捡了起来，并问老人，您需要帮助吗？

老人眼神一亮，声音坚定地说："你被录用了，我就是这家公司的董事长！"

当我说到这句的时候，学生们在下面"哦！！！"齐声惊叹，我内心得到了极大的安慰与鼓励，因为我知道我的话他们听进去了，而我并不是一个严肃或粗暴的演讲人。

"你不考核我吗？"求职者不解地问。"你讲究卫生，说明你是一个对自己行为负责的人，对自己行为负责也一定会对公司负责，我需要这样的下属！"我接着说，孩子们，个人的卫生习惯决定了个人未来发展的好坏，而当你二十多岁意识到了这点时，为时已晚，你已经很难改变了。好的卫生习惯可以给你带来健康，培养你追求卓越的品质，赢得好的人缘，甚至带来好的运气。

最后，我又告诉我的学生，个人与社会的关系——我们有些大人总是抱怨环境卫生差，而他自己却乱丢垃圾。如果我们都管理好自己的卫生习惯，社会环境才能更加干净整洁。谢谢大家！

我的演讲得到了师生们的一致肯定，只因为我站在孩子发展的角度来教育孩子，没有站在管理者的角度教育孩子。

我的专业方向本是人际关系，后来专注于亲子关系这一话题。我们在和别人交流的时候，是否考虑过你的话题与对方有无联系呢？如果想提高沟通的质量，就不需要考虑到这一点。家长与孩子进行交流，要想让孩子改变不良行为，起到很好的教育效果，就一定要从孩子自身发展的角度出发，否则会事倍功半。

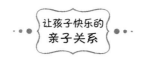
3. 培养孩子的国际化视野

温斯顿·丘吉尔，政治家、画家、演说家、作家以及记者，1953年诺贝尔文学奖得主（获奖作品《第二次世界大战回忆录》），曾于1940～1945年及1951～1955年两度任英国首相，被认为是20世纪最重要的政治领袖之一，带领英国获得第二次世界大战的胜利。据传为历史上掌握英语单词词汇量（十二万多）最多的人之一。被美国杂志《展示》列为近百年来世界最有说服力的八大演说家之一。2002年，BBC举行了一个名为"最伟大的100名英国人"的调查，结果丘吉尔获选为有史以来最伟大的英国人。

以上内容是对丘吉尔的介绍，给人的第一反应就是——牛！有人说他高瞻远瞩，有人说他知识渊博，有人说他性格坚毅，有人说他敏而好学……对他的赞美数不胜数，然而我却看出他身上的一个综合素质与潜质——国际化视野。

就在上周，我接受网络访谈，他们邀请我来谈一谈"'80后'父母如何培养国际化视野的孩子"。这是一个很新的话题，但是非常有意义。现如今，全球一体化，甚至被称作"地球村"。作为村民，我们应该互相交流与学习，为世界美好做出共同的努力。

我们会经常听到孩子互相伤害或者轻声的新闻，一方面是我们社会教育的缺失，另一方面孩子们甚至我们大人过于将个人得失放在首位，烦恼在心中死缠烂打，挥之不去。有些专家认为我们缺乏的是信仰，其实就是西方重视信仰的国度也会出现这样那样的问题。人为什么会烦恼呢？因为不知道眼前的事情怎么办！或者说"没办法"。"没办法"怎么办？有两条路可以不烦恼，其一，没办法就不办，这是情商高的人。但如果一味不办，也就一事无成。其二，没办法就想办法。这个想办法的能力不是临阵磨枪而得来的，是从小培养的，属于亲子教育的范畴。

回到开头我们提到的丘吉尔，从小有一个好习惯，这个习惯让他受益终身。当他遇到一个问题，头脑中要首先想出十几种解决办法。然后，他在这些方法中选择出最好的一个，用于解决眼前的问题。貌似比人家迟钝而缓慢，实际上是对思考力的刻苦训练。所以在家人中、朋友中、战友中他总是最有办法的一个人。他为什么在希特勒发起空战的时候，没有选择跳楼？他为什么在争取支持时发现法国宣布投降，也没有选择跳楼？因为他相信一定还会有比选择跳楼更好的办法。他的梦想是战胜希特勒战胜法西斯，他知道如果跳楼就一点儿机会都没有了。他最终选择了联合他最最讨厌的势力——苏联，最后留给了我们一句话——没有永远的敌人，只有永恒的利益。

说他，就是因为他具有国际化视野，这种视野让他心胸宽广，遇事不慌，成就伟业。国际化视野有以下几个元素。

其一，国际合作与学习的意识。中国的孩子比较缺乏这方面的培养，我们更多的尊重本国的悠久历史文明，而不太习惯吸收借鉴别人的经验。君子和而不同，我们应该感谢上帝创造的这个世界，在这个地球上生存着各种各样的人类，创造了各

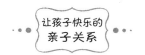

种各样的文明，让我们从不同角度了解这个地球，也为我们自己创造福祉。举一个例子，国际会诊现在比较流行，一些疑难杂症通过互联网可以汇集全球医生的智慧。这种行为就是基于国际合作意识，基于国际化视野。将来必然会有这样、那样的问题需要国际间合作来解决。

其二，沟通能力。培养国际化视野要依托语言这个工具，但语言学习绝非是全部。我对语言学习者的忠告是，一开始就要想明白语言学习的意义，一开始就要边学习语言边通过语言解决问题。前者，语言就是为了培养国际化视野，用于提高自己的国际竞争力与影响力；后者，创设语言环境，方便学习语言。家长可以模拟各种场景与儿童对话、可以带孩子去英语角，最好是能让孩子用外语解决外国朋友的难题，这样可以让孩子对学习语言产生浓厚的成就感与自信心。

其三，知识结构。如果我们说国际化视野只是一种愿望或一种交流，其实是偏废了。国家化视野的核心内容是知识结构。这个知识结构既是综合的，也是专业的。我们正是带着问题思考才出现了"国际化视野"这个词。人可不可以做到既渊博又专业？很多人表示否定，认为人应该建立专业的知识结构而非渊博的知识结构，把这种做法称为"术业有专攻"。在《孩子独立"靠"父母》一书中，我提出了"托盘原理"——菜肴做得再好，托盘过于劣质，也是失败的大餐。这里菜肴就是专业知识，而托盘就是综合知识。缺少好的托盘，就无法向世人展现你的菜肴。在拿日常交流为例，一个只会讲某个领域知识的人，会把朋友们吓走；而兴趣爱好广泛的人，会广交不同类型的朋友，听取不同的经验，最终会丰富自己专业，学问也会做得更加深刻。国际化视野代表了更广阔的视野与舞台，对完善个人的知识结构，知道个人发展路线更加有益。

有些网友问，什么样的人称得上具有"国际化视野"呢？我觉得具备以上三点，就可以称为具有国际化视野。关键我们如何能达到这三点呢？如何能够引导我们的孩子努力做到这三点呢？这不是一蹴而就的行为，而是一个慢工。重复做到CASH，就可以拥有国际化视野，这些是不需要孩子出国就可以完成的。

Communication。沟通的目的是什么？达成同一个目标！错！沟通的目的是为了增进情感，拉近人际距离。国际化视野的获得，需要与国外友人进行沟通，同样是为了增进情感，拉近人际距离。我最近看了一本新书，叫做《不喊"哎哟"，喊"ouch"》，作者是一位思维敏锐、言谈风趣且朴实的人，她在书中一针见血地指出自己与外国人沟通时犯的低级错误，揭开真实的"伤疤"，让英语初学者们看得一清二楚。他给我的第一感觉是勇敢，他不怕别人说他笨，他同时也告诉学习者与交流者，勇敢是第一位的，勇敢表现出了真诚。其实我们与外国人之间存在的不是知识上的差异，恰恰是沟通方式的差异。沟通方式的差异来源于文化的差异。所以，我给英语学习者的忠告是，边学习西方的文化，边学习西方的语言。当你知道西方人喜欢谈论天气，而不是喜欢谈论吃饭时，你说出的话就会更容易被对方听进耳朵里。当然，接下来，你也就可以更容易地了解对方真的在想什么。

Activities。我们之前谈到过亲子活动，这是为了亲子关系的建立，增进亲子彼此的了解与信任。实际上，国际化视野的培养，同样需要我们多参与"国际活动"。有些"国际活动"是与亲子活动重合的，比如观看国外大师美术展、听国外音乐演奏会、游览国外名胜古迹。除此之外，我们还可以让孩子多去参加一些国际比赛，比赛第二，国际化视野培养第一。孩子

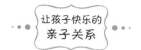
可以在国家大赛的过程中，认识很多外国的小朋友，建立长期的友谊。当然，一些国内的大赛，如我曾经主持过的新概念英语大赛，组织方会请到一些外国的专家，他们对于孩子的点评与对话，相信也一定能打开孩子们的视野。

Studies。学习，指的是有目的的学习。如果说沟通、活动能够直接接触外国人，那么学习就可以直接接触外国文化。国际化视野就是为了对中外文化进行对比，从中选择出适合个人学习与发展的问题解决模式。那么这种模式的直接经验来源于沟通与活动，间接来源则是学习。我们可以通过系统阅读外国的图书进行学习，当然要从国外知名的绘本读起，如《宝贝熊玩转数学》《咕噜牛与小姐姐》《不一样的卡梅拉》《小兔汤姆》等，（关于亲子阅读的方法详见《孩子独立"靠"父母》）。6岁之后，培养孩子独立阅读外国儿童文学，如《小王子》《汤姆索亚历险记》《床边的小豆豆》等，小学阶段对于国外名著的阅读是建立国际化视野一生的基石。

Help。了解我的朋友就会发现，我的教育文章中，出现最多的，除了亲子，独立，就是助人。这一方面可能与我是社会学与社会工作专业出身有关，这个专业的核心精神便是助人自助。另一方面，我也在工作生活中，总结出了经验，助人确实是扩大交际面，个体发展最捷径的道路了。相对于国际化视野，助人有着更为深刻的意义。我们对于国际问题的关心，对于国际困难的思考，对于国际友人的帮助，往往可以让我们具备更多的经验，建设更广阔的四维空间。助人是中华的美德，同时也是中国人传播中华文化，结交中外友谊的桥梁。最近几年国家汉办一直推动孔子学院的项目,让国外的朋友了解中国文化,学习汉语，就是对他们进行帮助的一种方式。当然，对于我们孩子而言，我们可以从最基本的做起，为外国小朋友指路，为外国小朋友讲解中国文化等，这需要我们家长积极找机会。我一直想为孩子们建设一个"国际小朋友互助平台"，在这个平台上，小朋友们可以互相交流，互相帮助，增进各国人民的情谊，同时培养孩子们的国际化视野。

盗用柏杨先生说的一句话，"崇洋"但不"媚外"。文化本来就是无国界，我们应该让孩子们多吸收外面的空气，当然也不能放弃本土的，否则又变成了"有菜没有盘子"了。最好的学习视角是国际化视野，最好的教育视角是对比教育。

一个孩子，站得有多高，通常看得就有多远，走得就有多快。

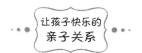

4. 对儿童的新媒体教育

那天，我的一个男朋友找到我，说他和女朋友闹了矛盾，不知道怎么劝才好。在这方面"有经验"的我给他出了很多招，写长信、烛光晚宴、苦肉计、通宵电影……这些伎俩被他一一否决。我突然灵感大发，想到了我现在正从事的工作。我让他准备一份特别朴实的道歉语，文字如下："白云，我是黑土，我就想让全世界的人知道是我错了，请你原谅我。你一个人的黑土。"把这条道歉语分别发在白云的手机短信、微信、QQ、MSN、人人网、开心网、博客、微博，甚至各地论坛……结果白云在反复看到黑云的道歉，感受到了他的诚意，也就原谅了他。这是什么力量？这是爱情的力量，也是新媒体的力量。

新媒体区别于四大传统媒体，即报纸、户外、广播、电视，被戏称为第五媒体，它的特色有三：其一，以数字信息技术为基础，这体现了它的科技性与时尚性；其二，互动性，之前的媒体都是"符号暴力"，信息受众没有发言权，如今的新媒体实现了信息交流的平等，任何人可以成为受众，也可以成为传播者；其三，创新性，新媒体的出现本身就是新生事物，同时，它正与各行各业相结合，衍生出各种"分众媒介"，满足不同受众的需要。

　　说是分众，事实上是理念层面的。举个例子，我们在楼宇中放的 LED 显示屏主要是针对白领的，而事实上收看的观众有白领，也有蓝领，有快递员，也有保洁员，当然也有可能是他们的孩子。当然还有更为普遍的例子，网上有一些成人用品的网店，他们针对的用户当然是成人。他们将链接放在了一些点击率较高的门户网站上，这就引发了一个问题，成人可以看到，未成年人也可以看到；想看到的人可以看到，不想看到的人也可以看到，这似乎代表"符号暴力"重新登上了历史的舞台……

　　卢勤老师给我讲过一个真实的故事，有一个小男孩，大概是小学生的样子，在看完网页之后突然转过头去，脸绷得通红，妈妈说，你怎么了？孩子！小孩说，妈妈，我看到了黄色网站了，不是我想看的！妈妈来到电脑前一看，根本不是什么黄色网站，而是一个常用的网站做了一个女性内衣的广告，其中模特的姿势性感撩人，让人想入非非。当时，我听完这故事，只是哈哈一笑，现在想来，这个故事真的是耐人思考。媒体的价值就在于大众传播，但是在内容与途径方面我们确实应该考虑到未成年人尤其是儿童群体。我在之前也讲过思维阶段，0 ～ 6 岁属于感性思维阶段，他们是信息的"忠实"受众，6 ～ 18 岁属于知性思维阶段，他们是叛逆的，是怀疑的信息接受者。直到成年之后，人开始进入理性思维阶段，成为了信息的接受者与传播者。从某种程度上说，一个孩子的成长与成熟可以从他处理外界信息的方式与态度来评判。

　　新媒体的优势就在于他是"所有人对所有人的传播"，她的速度快，信息量大，创新性强，收到了大家的普遍关注。我曾经说，如果一件事情能吸引大人的眼光，就一定可以吸引儿童的眼光。新媒体成功地捕获了成年人的好奇心，让他们找到

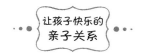

了儿时做游戏的乐趣。在一些大型的社区交友网站上，我们看到很多大人像孩子一样，乐此不疲地玩着"偷菜"与"电子宠物"的游戏。成年人在工作之余，找到了放松身心的方法。当然，新媒体最大的好处是他实现了信息的快速流通与快速互动。一个普通人，在短短的一天之内因为一个话题就可以成为大众关注的焦点，这在以往是很难想象的。这实际上促进了商业与传媒业、广告业的快速发展。但同时也让我们的孩子们经历着一场"视觉灾难"。

我们的孩子会在茫茫网海中，失去方向。他们一会儿被小广告左右，一会儿被弹窗雷倒，本来还想搜索一个学习课件，轻易就被一个游戏登录页拦下……他们一会儿想着 QQ 聊天，一会儿想着人人交友，有人在的时候收起手机，刚一走看看微信……你突然发现，这孩子怎么和我白天上班时候状态一样啊？谁来拯救他们丰富又匮乏的精神生活呢？如何才能让他们处于积极、健康的方式去学习与生活呢？

要我说，想让孩子们"正常"，就避不开新媒体与新媒体教育，这是儿童教育问题的前沿课题，也是迫在解决的问题。我曾经就跟我们的老师说，我们的课不能保证比电视好看，比广播好听，凭什么要求孩子们脑子不开小差儿，凭什么要求孩子专心致志啊？当然，这是玩笑，而事实上，也恰恰说明新媒体的发展迅速，它的儿童群体也在迅速蔓延，如何正确看待新媒体，如何正确使用新媒体，成为了新媒体教育首要解决的问题。

如何正确看待新媒体？

1. 新媒体也是媒体。不要给孩子关于新媒体的负面解释。这也是我经常提到的——"家长自定义"问题。新媒体本身就是一个名词，不带有任何的情感色彩。就像罂粟花它只是花，而且是美丽的花，它本身不会害人，是人害人，而不是花害人。我们不应该对罂粟花有任何的疑义。

2. 新媒体是时尚的传播媒介。我们要让孩子广泛的了解而不是全面的接触。为什么这么说呢？新媒体是时尚的，时尚的事物往往会出现一些不成熟的因素或者称不稳定的因素。当发展到一定阶段，时尚会沉淀为经典，而经典的，往往是"无害的"。

3. 新媒体会改变一个人的生活。李开复写过一本书叫做《微博改变一切》，可能有些夸张，但是新媒体真的在改变着我们的生活，改变着我们的细节，这是一场集体无意识，新媒体造就了一个心理场，场中的个体，无论男女老幼都在互相影响。我们要让儿童接受这个新的状况，了解他给我们带来的改变。当然我们在介绍的时候，主要从积极方面去讲，如一个困难的网友可以通过网络传播，迅速找到可以帮助她的人。

4. 新媒体可以帮助人成长与成功。当然儿童无所谓成功，但是成长是大家都关注的话题。媒体力量对于个人的成长与成功是不可低估的，这可能是大家容易忽视的问题。媒体，尤其是新媒体，作为一种宣传工具，她可以把你与你的"作品"通知到更远的地方，增加你的影响力，拓展你的交际圈；同时，他的反馈与评价通常是你了解自己，反省自己，审视自己最好的资源，有利于你更好地完善自己的思考，维护自己的形象。

如何正确使用新媒体？

我在学校工作期间就已经考虑到媒体与学生成长的关系与作用了。高中时我担任了广播站的站长与校刊的编辑，我觉得那时虽然短暂却对我的一生影响甚大，我的自信与策划力也是

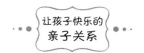

从那个时候锻炼出来的。做大队辅导员的时候，我主抓广播站与学生作品展览工作，我让更多的学生有发言的机会，有宣传个人智慧的舞台，有展现自我魅力的空间，当时还没有兴起新媒体，否则我一定是学校新媒体的最先倡导者和践行者。那么如何正确使用新媒体？

1. 指导孩子建立新媒体账户。

我们可以从简单的新媒体着手，指导孩子新媒体的账户建立，目的在于让孩子了解自己的个人信息，对自我产生强烈的自我认同感。在确保安全的前提下，个人信息填得越准确越好。

2. 鼓励儿童表现真实的自己。

新媒体是一个供任何人发言的平台，它的目的不是隐藏个人的身份，而是个性的表现。如何体现个性？只有真实与独特。就像莎士比亚说的，世界上没有一片叶子是一样的。我们都是与众不同的，这正是我们的魅力所在。一个人因为真实而可爱，而受到大家的喜欢。但有一个前提，在宣传自我之前，要学会接纳自己，喜欢自己，这是我们之前需要做的功课。

3. 学会过滤与屏蔽无用的信息。

广告走进了我们的生活，也走进了儿童的视野。哪些是广告？哪些是消息？是不是可以分辨出来呢？其实很难分辨，现在的广告做的像信息，就是想麻痹大家的分析，让大家调入产品的陷阱。关键不是让我们的孩子区分广告与信息，而是让孩子们区分有用的与无用的信息！当一个人有自己坚定的思考与追求时，她就不容易被外界所干扰，因为她只会对帮助她实现目标的有利物感兴趣。

4. 借助新媒体实现个人目标。

要"善假于物"，而不"役于物"。最早有人说钱是双刃剑，现在有人说新媒体是双刃剑，我不这么看，它就是一个工具，人才是使用它的主人。要提高儿童使用新媒体的主动性与能动性。关键让孩子明白自己要表达思想是什么，自己要实现的目标是什么，新媒体是一个表达个人思想与实现个人梦想的桥梁，是一个实实在在的帮手！

5. 接受来自新媒体的反馈与评价，及时调整自己。

我们可以及时得到来自或多或少的反馈与评价，帮助孩子正确看待表扬与批评。由于新媒体的用户往往不是身边的熟人，他们的评价与反馈就显得更加的客观与珍贵，我们教育孩子要直面别人的品评，这也是非常好的挫折教育机会。

6. 通过新媒体促进人际交往能力。

我曾经讲过，人际交往靠 CASH，即沟通、活动、微笑与助人。新媒体是人际交往的平台，我们可以通过她结交更多的朋友。对于新媒体而言，结交朋友可以通过沟通、活动与助人的方式展开，积极地参与各种有效形式的沟通、参与网上活动、利用新媒体进行助人都可以提高人际交往能力。但是，要让孩子明白，人际交往包括线上与线下，哪一方面都不能被取代，要得到均衡的发展。

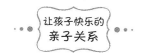

5. 从赴美交换生申请表看美国教育观

　　我之前写过一篇《培养孩子的国际化视野》的文章，受到了大家的好评。我提出了不出国，也可以训练国际化视野的观点。现在想来，里面还有一丝禅意。特别喜欢八大处一方古亭的对联，自然生远心，何必见千里。从字面上来看，你静心思考便可知道千里之外一如周遭，万事万物一理。这可能是一种顿悟，有的人悟性好，有的人悟性差，不必过于强求。有的人没出过国也可以在国内混得很好，有的人出了国没学到东西反而邯郸学步，关键还是要了解个人的特性与需要。说这番话，实际上是希望父母们可以做到理性规划学生游学或留学。

　　但说到底，出去走一走总是没有坏处的。中介会给你说的很清楚，在我看来，出国最大的好处是积累感官素材，了解异域文化，有的时候是实践出真知，有的时候是对比出真知。我现在越来越觉得，对比的方式是教育的最好方式，用年轻人最喜欢的一个词叫 PK，一 PK 就有看点，就吸引学生，学生就学得快。

　　最近我在研究中美高中交换生的问题，当我拿到 Application，我仔细端详了一下，厚厚的 25 页申请表，内容涉及到很多方面包括个人基本信息、家庭关系与成员信息、学籍及学业经历等，这些我并不关注，因为这些并没有太多"科技含量"。当我看到 Student Interview Form 时，我感到眼前一亮，题目如下：

Do you enjoy any outdoor activities?

What is your favorite activity/hobby/sport?

Do you play an instrument or participate in a musical activity?

Are you involved in arts(drawing/painting,drama,dancing…)?

有的人只把他当做轻易的提问，在我看来，这恰恰是制表人最关注的地方。四个简单的问题，表达了美国人的价值观与生活态度。户外活动、体育运动、会乐器，有艺术培养在他们看来是一种基本素质，如果你填了 yes，美国人认为你是高素质的人，如果你填了 no，美国人觉得你和他们的孩子还差得很远。这实际上是一种文化筛查，你和他们的理念越接近，也就越容易被他们接受，也越容易获得学习的机会。所以，我总结出一句话，一个国家对于人才的要求就是这个国家的文化。

反观我们的教育关注点呢？我们还停留在智力水平与学习成绩上，这种选拔方式或者说文化形式是比较单一的，而且并不能判断出这个孩子是否有很好的基本素质。而恰恰是喜爱户外活动与运动，会一门乐器，受过艺术熏陶的人更容易被社会接纳，更容易受到大家的喜欢。这一点非常值得我们大家深思。貌似提问，其实是暗示了美国的教育理念。

后面还提到了 Placement Considerations，包括家庭形式，是双亲，单亲还是同性恋父母，这体现了包容的文化价值取向，我们目前学习起来还比较困难。后面着重提到了宠物饲养，猫还是狗？或者其他？这个题目的出现，不是偶然，饲养宠物一

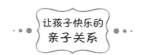

方面是文化习惯，另一方面也体现个人的责任心与爱心，我们都知道美国人经常把动物介绍成为家庭中的一员。后面就更有意思了，表中特别提到了如果没有宠物，你一定要说清楚根本原因（很严肃的样子）。是你害怕，还是和他们在一起不舒服？中国人一定觉得这个问题有点搞笑，放在这么严肃的表格中有点不合时宜，由此可见，美国人非常注重宠物，没有宠物的人看来是不太正常的。很多中国家长，买宠物是为了给孩子玩耍，不买宠物是觉得麻烦，不好管理，我们没有把动物当作平等的生物，更没有觉察到这是一个非常好的教育机会。

语言是文化的一部分，如果不了解文化，不融入文化，一定学不好语言。因此我依然坚持国际化视野从国内就要好好培养。

在我们考察知识与分数的栏目中，他们看中的七种个性，分别是独立性、灵活性、沟通力、社交力与成熟度。这些都是国际素质，也是个人素质，家长们要注意日常的培养。

当然，他们对于个人的过往是非常在意的，在 Student Profile 中，问到了很多需要具体回答的问题，包括是否参加过学校的社团活动、志愿者活动，是否有职业规划的想法或参与相关课程的学习，是否出过国，会几门语言，等等。

如果你觉得这些问题过于随意，说明你并没有了解美国人的文化，他们非常重视集体活动的参与，恰恰是参与活动的情况反映了一个人社交能力与社会适应性。

看完这个表之后，我仿佛受到了一次教育。作为一名教育工作者，我觉得我们需要改变的东西实在是太多了。希望我这份《观后感》能给年轻的父母与教师一些思考与启发。培养成功的人是一个可遇不可求的目标，培养一个健康、快乐、适应社会的人是一个可行不可等的目标。作为孩子的父亲，我得到了很大的教育方法上的启示，爱好运动与户外活动、学会一门乐器、培养一门艺术特长，养一只小猫或小狗，鼓励她参与学校活动与义工活动……我相信能够做到这些的孩子，智商与情商都会得到锻炼，成绩也不会太差。

一份小的申请表，是一本教材，这就是我的收获。

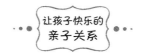

6. 有差别的特殊教育，无差别的爱

前几天，我们青年教师工作者一行来到北京市海淀区培智学校，一方面看望这里的孩子，另一方面也学习特殊教育的理念与方法。根据我国法律规定，父母有权力将自己的特殊儿童（特殊儿童是近年来提出的较为人文化的科学概念，主要是指智力障碍、精神障碍、孤独症、脑瘫、情绪情感障碍及部分残疾儿童等在内有特殊需要的儿童）送入正常学校或培智学校，这样一来，就出现了"随班就读"的现象。我们来这里的目的之一，也是为了取经，因为身边便有这样的学生。

海淀区培智学校很大，教师 50 多位，学生近 300 人。我们几个教师被分成了若干组，去旁听不同的课程。我与我的学生李思瑶选择了表演课，在进门之前，我还想着老师带领着一大群孩子激情排演着课本剧之类，实际上是我太过无知，太不了解特殊教育了。走进教室，发现窗帘被关得严严实实的，光线比较暗，老师与学生们躺在垫子上，每一个学生身边陪伴着一个老师。有一位专业老师坐在他们的前方，手里拿着一副三角铁，此时她正微笑着启发着孩子们，"大家都听到什么声音啦？可不可以模仿一下呢？"在下面的孩子中，有的人会一直默不作声地盯着老师看，有的人会不停地笑，当然也有一些孩子能够结结巴巴地回答老师的问题。下面配合的老师不会强迫孩子答出正确的答案，而是一边爱抚着孩子，一边继续鼓励他们进行思考与对话。

我有感而发，对李思瑶说："这些学生可比你们难教多了！"思瑶点了点头，专注着她 18 年来未曾专注过的世界，思考着未曾有过的人生思考。

课堂进展很慢，老师也并没有表现出急躁，而是与学生按部就班地沟通着。之后，专业老师提出了让学生们挨个儿去发出一种声音，有的孩子模仿了火车的呻吟，有的人模仿了老虎的声音，老师露出了欣慰的笑容，一一给了他们大白兔奶糖作为奖励。在这个课上，我发现老师是那样尊重作为个体的学生，老师没有任何的架子，让孩子们感受到了一种平等。

课后，我们进行了教师间的分享。看得出，普通学校的老师对于这个环境下的教育教学非常感兴趣，大家提出了很多关于教学管理方面的问题。培智学校的三位老师也做了分享，其中有且仅有一位男老师给我留下了深刻的印象。从外貌上判断他是一个"80 后"，浓眉大眼，自信大方，我猜是个富二代——果不其然，在经培智学校主任的介绍我们得知，他家境殷实，开豪车上班，在特殊教育系统，或者整个教育系统也不多见。这位老师显得很不好意思，不愿意暴露自己。在他的介绍中，我看到了一个问题，教师无论是普通教育，还是特殊教育，一定要具备对于教育的信仰。这位老师为什么没有选择坐享其成，一方面他热爱教育，热爱孩子，另一方面他是对教育产生了一种信仰，他认为这件事情是有价值的，能够体现个人意义的。在表述中，我们发现他很笃定自己的规划，会坚信自己的判断，很认可自己的方法，这就是一个好教师的基本素质。真是希望我们中国的教师队伍中有

更多这样有信仰、有自信、有魅力的男教师。我常以为教师如果不吸引学生不能算合格教师，如果不能给学生以启迪不能算优秀教师，做到吸引与启迪才算好教师。

之后，我们听了著名特教专家、培智学校校长于文女士的发言。我很喜欢她的讲话风格，爽朗而不失稳健，畅谈而不失严谨。你总是在欢声笑语中，记住她的真知灼见。她向我们介绍了特教发展情况，但重点是谈及自闭症的紧张态势。据她介绍10年前千分之三的发病率如今已经发展到百分之二，即每50个男孩就会有一个患有自闭症（男孩的发病率略高于女孩），3岁之前是发现自闭症的最佳时期，6岁之后将很难开展治疗工作，并将终身受此病困扰。想想当年，我决心从事亲子教育工作，也与特殊儿童有关，我希望更多的家长意识到早期训练的重要性，对孩子的一生负起责任。

根据于校长的说法，自闭症的产生有三方面的成因，其一，基因与染色体变异。不可否认，遗传与变异的影响是巨大的，我们在很多时候束手无策。其二，环境的诱因。在我们的生活空间中，有无数的手机、电脑、灯光、噪声、尾气……这些貌似平常的污染一点点地在影响着我们和我们的后代，现在出现的一些新型疾病都与环境有关。不可否认快速增长的发病率一定离不开环境，而环境是我们大家共同的责任。其三，家庭教育。越来越多的家长意识到早期教育的关键性，却不知道早期教育的重点——很多的家长一味地重视知识的培养，把幼儿园学得知识放到3岁前，把小学阶段的知识放到幼儿园，错误的教育节奏会让孩子背负压力，但更重要的是他们在两个关键期耽误了训练，导致了终身的遗憾。0～3岁是训练行为能力与习惯的关键期，3～6岁是训练亲子社会化交往与适应性的关键期。我习惯性地把特殊儿童分为遗传性的特殊儿童与非遗传性地特殊儿童，可以说非遗传性特殊儿童百分之百与 0 ～ 3 岁的错误早教有关系。

在于文的授课过程中，我又形成了一次新的顿悟。很多家长会在孩子很小，甚至 0 ～ 3 岁的时期，就让孩子着重培养一个项目，妄图有朝一日孩子可以成为刘翔或丁俊晖。他们让孩子只接触一项训练，而且严格要求。之前，我一直认为这是错误的，现在看来其实是愚蠢的。当孩子在很小的时候只接触一种事物，他就会降低对整个世界的思考与好奇，当你严格要求他时，他会变得敏感与无助，再加上缺少丰富体验，最终不愿意和他人进行交流。于校长告诉我，有很多条件优越的家庭反而更容易出现这样的问题，他们不愿意让孩子接触其他的孩子，生怕孩子弄脏了衣服，传染上疾病，结果孩子变得人际退缩，最后导致了自闭症。

至于已经发生了的事情，我们怎么来看呢？于校长说不要只是停留在同情的层面，而要上升到专业的层面，因为同情帮助不了特殊儿童，专业技术可以让他们变得更好，更加适应这个社会。于校长提出了有差别的教育，对我影响很大。有差别的教育其实是一种教育哲学，孔子的"因材施教"高度概括了核心理念。我们对于特殊儿童的教育与帮助一定和普通儿童有所区别，但相同点是我们相信他们会变得更好。在自闭症的儿童当中有一种叫做阿斯伯格综合征，这样的孩子知道自闭症的 5% 左右，智商正常甚至超长，在计算、绘画、音乐等个别领域有惊人成绩，如毕加索、牛顿等。可惜的是，他们在社交方面出现了严重障碍（自闭症都是如此），不能够与正常人进行正常对话。作为普通的人，我一直认为我们只能做到宽容与理解，其实，我们还可以做到欣赏。上帝是公平的，他在给你关上一扇门的时候，一定给你打开了一扇窗。无论美国的融合教

育，还是中国的全纳教育，都在影响着我们的人生观与价值观，我们不要为所有人制定同一个标准，这是不科学的，不尊重个体的，甚至是残忍的，我们应该更多地去了解和我们不一样的人，从他们身上我们可以学到很多的东西。

于校长说，我们最终的目的就是让他们回到社会。随班就读把特殊儿童交给了学校，是一个非常好的做法，因为学校就是一个社会化的场所。特殊儿童在收到普通儿童与教师的影响时，普通儿童与教师也在受到他们的影响。在与不同类型的同学们生活、学习与玩耍的过程中，他们感觉到世界之大，无奇不有，每个人都可以变得更优秀，每个人都可以创造属于他自己的奇迹。

然而，比起任何高超的教育理念与方法，我还是认为爱是最伟大的，最强大的。教育改变不了的事情，爱却能做到，换句话说，无差别的爱是对特殊儿童最好的教育。

第 *7* 章

亲子间的社会经验交流

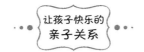
1. 儿童性侵犯的"预防"

儿童性侵犯现象最近在媒体上频繁报道，引起了全社会的关注。面对复杂的社会问题，我们可能一时找不到解决的途径，但是作为家长，提高孩子的自我保护意识，教授孩子自我保护的方法，是降低危害的最有效方法。我觉得在与孩子交流这个话题的时候，应该注意以下原则。

1. 对于社会的客观评价。

社会就像人一样，有自身的优点，也有不足或缺陷。很多家长为了给孩子营造阳光的心态，把社会描绘成一个完美的乐园，这实际上就是一种误导。最直接的影响是，孩子卸下了心理防备。我一直提倡理性教育与客观教育，建议家长在和孩子讨论社会问题时，进行一分为二。就像我们那句老话，"害人之心不可有，防人之心不可无"。

2. 提前教育。

很多家长忙于工作，也有家长对于安全教育处于忽视状态，认为学习与健康比较重要，对于孩子的安全问题抱有侥幸心理。我认为3～6岁的时候，就应该对孩子进行人身安全的教育。3～6岁，恰逢人际交往的训练期，应当把自我保护的意识在孩子心中落地生根。

3. 语言的科学性。

很多家长喜欢用小麻雀、小香蕉说是男孩子的外生殖器，这种诙谐的表达，使孩子们不能正视自己的隐私，觉得是一件很好玩的事情。事实上，男孩子的阴茎、睾丸与女孩子的阴唇、阴道等都是人的普通器官，和我们的眼睛、鼻子一样，只是功能各异。刻意地回避或神秘化，只能让孩子对性知识缺乏正确了解，对于开展自我保护意识的形成也不利。另一方面，让孩子正确了解身体的构造，当他们出现了不适、疾病或者其他伤害时才可以更清楚地与家长进行描述。

4. 行为的文明化。

现在大家有一种普遍认识，叫做"内衣与内裤遮盖的部位别人不许碰"。这在美国等西方国家早已被写入法律，并对违法者进行严惩。我国受到民俗的影响，喜欢抚摸男孩子的生殖器官，父母觉得生儿子是光荣的事情，邻居则觉得是一种恭喜与助兴的表现，这都是不文明的行为，不尊重儿童的表现。要从小培养孩子保护自己的私密部位，包括家长在内，没有特殊情况不能触碰。当发现孩子以生殖器官为嬉戏对象时，应该严厉制止，但不要使用任何威胁恐吓的语言。

5. 原则教育与独立教育。

对于身体的保护一方面体验了一个人原则，另一方面也体现了他的独立程度或成熟程度。从小培养孩子的原则意识与独立意识对于孩子影响非常大。我们鼓励孩子有自己的思想，当违背自己的意愿时能够学会拒绝。从这个层面讲，我们应该多给孩子一些空间，允许他们有自己合理的判断与选择，而不是培养成"顺从的羔羊"。

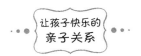

社会在一个转型的过程中，社会规范变得不太清晰，社会对于人们的约束也在减弱，所以人们会出现一些不合理的行为。但是这并不意味着我们可以为所欲为，因为人性高于社会性，对于儿童性侵犯，成年人应该有足够的理性意识去判断与自我约束，因为这是违背人伦的，将遭到内心的谴责与整个社会的唾骂。

相对于儿童，成年人可以较为方便地指挥与控制孩子的行为，也正因为此，我们需要对儿童有更多的责任与义务。人性会受到环境的影响而发生偏移，如果我们做了伤天害理的事情，就会有更多的意志薄弱随波逐流，整个社会风气就会变坏；当我们向儿童传递正能量，整个社会会变得积极向上，我们的孩子们也会对未来充满信心，我们的民族才有希望。

2. 校园诅咒卡诅咒了谁?

最近有一个现象引起了大家的关注。在小学附近,一些商贩在销售一种叫做"校园诅咒卡"的玩具,这种玩具受到了小学生们的追捧。在校园诅咒卡的包装上写着"高压人群专用",打开之后你会发现里面有 9 张卡片,卡片的正面画着一个造型夸张的人物头像,下面写着"我诅咒 _____ 考试不及格!"、"我诅咒 _____ 跟死党吵架!"背面还写着"秘密传卡"、"不许说出去,也不许让别人看到!"的字样……有些诅咒语带有开玩笑的味道,而有些则显得很低俗。商贩对玩具销售洋洋得意,老师与家长则对玩具影响忧心忡忡。

是的,校园诅咒卡的危害,不再于它花费了父母的一元两元钱,而是它提供了一种消极的思维与行为方式。小学生在遇到困难的时候,在与好伙伴发生争吵与矛盾的时候,在受到老师的批评的时候,开始尝试着自我归因与寻找对策。他们不再像学前那样一味地"服从指挥",而是加入了自己的独立思考,这也意味着他们的人格逐渐趋于完整。如何来应对生活中的难题?是不以为然,还是努力改进,或是寻求帮助,不同的事情可能需要不同的应对方式。处于小学阶段的孩子,正是进行"应对方式"学习的最佳时机,父母、教师、同学处理问题

的方式都会影响到小学生本身。"校园诅咒卡"实际上为单纯的小学生们提供了一种"应对方式"。在遇到不利的情况，我可以通过"诅咒"的方式来处理。在是非判断尚无经验的学生看来，一旦"不灵"，他们可能会意识到玩具的欺骗性；一旦"灵验"，则会相信这是一种非常有效的方法，"诅咒"逐渐成为一种生活方式，影响孩子的一生。

玩具被称为上帝的恩物，是孩子游戏的伙伴，也是孩子学习的伙伴。不同年龄的孩子，会选择适合他们的玩具。在与玩具的互动中，孩子们了解了自己，获得了自信心，拥有了与其他人沟通的话题与方法，可以说任何孩子都离不开玩具。有很多人认为孩子选择"校园诅咒卡"是孩子的问题，我不这样看。任何一个新鲜的产品问世之后，比如苹果手机，无论大人小孩都会有强烈的好奇心，只不过有的人会转化成全面了解信息，有的人则产生强烈的购买欲望。所以，小学生选择"校园诅咒卡"不是小学生的心理有问题，而是发明与贩卖"校园诅咒卡"的人心理有问题，小学生是因为购买了"校园诅咒卡"才出现了问题。我曾经也发现过一些玩具或图书上出现了很多成人词汇，如"性感""快感""节操""暧昧"，我觉得厂商应该具备社会责任感，要考虑到目标客户的身心健康与接受能力；主管部门也应该尽快出台法律法规，让儿童用品拥有生产质量标准，从源头上保护我们的未成年人。

针对于"校园诅咒卡"的情况，家长们应该做什么呢？

1. 加强亲子沟通。

如果你可以以孩子感兴趣的话题作为沟通的起点，那么孩子便会很愿意与你交流。也只有通过这种方法，你可以真正了解孩子正在玩什么，想什么。同时也可以让孩子感受到你的关心与爱。当你发现孩子在玩校园诅咒卡的时候，你不要马上批评他，而可以告诉他这只是一个小孩的游戏，你是大孩子了，我要给你推荐一个适合大孩子的游戏。

2. 体现积极正面的情绪。

很多家长回到家就像泄了气的皮球，摊在了沙发上。这种状态会让孩子提不起学习的精神，也会让他对未来充满迷惘，甚至对工作这件事情充满反感。在家庭中遇到困难时，家长要表现出非常沉着、勇敢的样子，通过夫妻双方的配合，解决了问题，对孩子来说也是一种潜移默化的教育。

3. 讲一些孩子感兴趣的人的奋斗经历。

通过亲子沟通可以了解到孩子崇拜或喜欢谁，也许你不喜欢那个偶像或明星，但是他能够受到孩子的喜欢至少有他的"成功之道"，你可以在了解之后，在孩子面前来一场"教育秀"，孩子肯定会非常惊喜与受益。

4. 开阔视野。

你会发现孩子们总是学校、家庭两点一线，视野会比较狭窄。多带孩子去参观、旅游与访问，才能让孩子更全面地了解这个世界，学会更多的生活经验。

5. 鼓励孩子们多交朋友。

朋友越多，孩子会感到支持越多，快乐越多。他也可以从小伙伴的日常表现中学会别人是如何处理问题的。有的孩子喜欢诅咒卡，有的孩子就不喜欢，如果他与两个朋友交流，他就会有双重思考，就会进步更快。

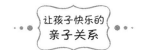

3. 中国人为什么不阅读？

中国是一个文化大国，是一个出版大国，却不是一个阅读大国。这点确实令人不可思议。如果我们按照中国人口众多，各平均值较低为逻辑，我们似乎可以得到一些安慰，然而你要明白中国人的阅读量是普遍偏低，而不是人均偏低。据了解，发达地区的人宁可将一半或更多的收入购买电子通信设备，也不愿意去购买廉价的精神食粮。而事实上中国的电子产品价格远远高于国外，图书价格却远远低于国外，造成现在的局面，必须值得我们思考。

越来越多的年轻人把大部分时间消耗在上网冲浪、微博互动或微信使用上，在一次次青年人的聚会上，大家少了彼此的沟通，而是各自掏出手机进行微博或微信刷新，大家有的话题也局限在微博上的八卦或者朋友圈中的趣闻，聊了几句之后大家又开始各自划屏。

这种现象在年轻人中已经极为普遍，大家甚至习以为常，并把不使用微博或微信的人当作 outman。我们还记得古人曾经说过"开口不谈红楼梦，读尽诗书也枉然！"这句话反映了清朝后期大家对于《红楼梦》这本书的强烈追捧，其实也反映了当时的社会风气，大家是爱读书，爱讨论书，并且将书当作重要的生活或娱乐话题的。也许你会说，时代进步了，那个时代没有微博与微信。事实上，古时候人们除了琴棋书画以外，也不乏斗鸡、斗蟋蟀、斗富等高、中、低档娱乐项目，但是古人们觉得有些事情可以放到大雅之堂，正所谓"谈笑有鸿儒"；而对于没有文化素养，没有共同话题的人却另眼相看，正所谓"往来无白丁"。

"不读书的民族是没有前途的！"一个人不读书，必然主观臆断，强词夺理，进而轻狂自大或空虚自闭；一群人不读书，必然哗众取宠，互相倾轧，进而惹是生非，制造事端；一个民族不读书，必然社会浮躁，人心涣散，进而社会动荡，集体倒退。是不读书阻碍了个人、群体、民族前进与发展。

最近听说阅读要立法，我觉得它与"常回家看看"立法有很多相似的地方。其一，两类问题事实上都影响社会的稳定与长治久安，其二，作为文明古国与当代文化大国，应该具备与之相称的民众行为。其三，表面上看是个人行为，其实与国家发展息息相关。不阅读，民众的文化水平会下降，国家的整体软实力就会匮乏；不回家看老人是品德问题，孩子们会仿效大人，整个国家的民众素质在倒退。一方面是文化的退步，另一方面是素质的退步，必然得到国家的高度重视。而从另一个角度讲，阅读与"常回家看看"也存在区别，区别是阅读不是道德的范畴，而是个人修为的范畴，所以我觉得阅读问题的产生还需要进行深入的分析。

第一，很多年轻人并没有明白阅读与个人发展的意义，这和我们的教育制度有着相关性。我们一直强调寒窗苦读，一日惊人。可是很多人在被迫读了 12 年书之后，立刻放下了书本，因为他们认为书本是他们的压力之源。而外国的大学大多采用

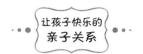

"宽进严出"的方式，你不读书、不用功就取得不了学位，这就迫使了学生要主动读书，并且按照社会的需要进行读书。从这个角度上讲，中国的阅读并不是个人取得某种资格的绝对门槛，这样自然不被大家所重视。

第二，阅读与学习不是公平竞争的绝对力量，很多人把更多的筹码放在了父母的人脉、找人送礼等非常渠道方面。阅读来的效果太慢，"读书无用论"死灰复燃。

第三，学校教育并没有把阅读放到重要位置。阅读不是简单的兴趣爱好，它是个人自学的主要形式之一，放弃了阅读，相当于放弃了自学，也就是放弃了个人的努力。

第四，阅读的环境不完善。我们去了解年轻人痴迷于网络互动现象，你会发现，网络互动由于强大利益的趋势，网络互动环境发展得极为迅猛，内容供应商、加工方、网络平台、终端服务商等各个利益群体大家拧成一股绳，为消费者提供了一个"便捷而舒适"的消费环境，你可以选择电脑上网，也可以选择手机上网，你可以用Wi-Fi，你也可以直接走流量……这就是形式的多样性。阅读不是一个一件万利的事情，似乎并没有吸引各种社会资本的加盟与支持。

第五，家长习惯的影响。有太多的案例是，家长非常希望孩子在家读书，但是自己却非常爱看电视。家长就不喜欢读书，孩子们也不会喜欢读书。我总有这样的想法，社会风气是由家长决定的。犹太人喜欢阅读，小的时候妈妈会在孩子的书的边页上涂上蜂蜜，让孩子从小记住书是甜的。祖祖辈辈他们延续这个做法，你可以想象到他们对于阅读有多么重视。

可以说，一个社会问题的形成，一定会有很多原因，解决一个社会问题，一定要多管齐下，考虑周全。我觉得当下迫切要解决的是阅读环境的建设。我们不是要建越来越多的书店，而是建立越来越多的阅读区。社区可以提供家庭教育的阅读区与学习区，让家长明白如何指导孩子健康成长；医院可以提供患者阅读区，通过阅读让患者了解自己的病情，如何减轻病痛，尽早康复；宾馆可以提供阅读区，让游客了解当地的文化，进行深入的游览；银行可以设计阅读区，让大家明白经济与金融的常识，学会更好的理财……

　　阅读应该成为各行各业的服务项目，或者说是增值服务项目，这样阅读也会慢慢成为我们的生活方式，大家进而也就离不开阅读了。

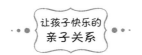
4. 好教师让学生对学习充满好感

　　教师节是教师的节日，也是学生的节日，因为没有学生，也就没有老师，所以我从来对学生是抱有感恩之心的。要知道，现如今不是谁都愿意做倾听者，所以讲话的人是要对听话的人负责的。学生喜欢不喜欢一个学科，尤其是小学生，主要看这个老师的课吸引不吸引他，这个老师是不是合乎他的胃口。和老师一直在"抢镜头"的包括昨天的动画片、手中的漫画书、零食和玩具，浮现在脑海中的午饭、篮球场、娱乐明星……我在想，这是一份多么难的职业，他需要用自身的实力与魅力打动每一个班里的学生，同时也不能失去教师的尊严，这比起所谓的明星可是难多了！

　　与一位班主任聊起了一位"特殊"的学生，这个学生对于数学充满了恐惧，已经不敢去上学了，用这个孩子的话说，上了数学课就觉得很厌恶，其他的课都不爱听了。这位班主任老师希望得到我的帮助，他不希望这个初一的孩子过早地结束自己的学业生涯。

　　深入交流，证明了我的判断。这个孩子在小学阶段，接触到了一位数学老师，这位老师非常的粗暴，他的方式方法让学生觉得数学是枯燥的，甚至是可怕的。数学学科在幼小的心灵里被打了一个大大的"×"，不知道何人才能将它抹去。

我并不觉得奇怪，因为这样的老师是很多的。老师们压力很大，有社会的高标准，有教委的高引领，有校方的高要求，有家长的高期待，有学生的高追求。在六高之下，很多老师不是处于急功近利的状态，而是处于全力应付的状态。所以我真诚想对所有的老师说，大家真的很辛苦，也希望得到社会各界的理解，而不仅仅只是教师节的祝贺。

尽管如此，我依然认为教师的第一要务不是迎合各方的诉求，而是单纯地让孩子们爱上学习，爱上他学习的每一科目。

如何让学生爱上学习呢？我给大家讲两位我的老师的例子。

上小学的时候，有一位数学老师，可以说是我爱上数学的贵人。记得那天，他准备给我们讲尺子与测量。他背着手，告诉我们他有一件神奇的宝贝，可以测量所有的长度。我们其实都猜出来了，他还是那么坚定地神秘着……他掏出了他的尺子，给我们讲了刻度与使用方法。就在我们觉得自己很懂的时候。他突然大声说，有一天，屋子里着火了，把尺子烧坏了，还可以用吗？我们在下面哄堂大笑，觉得老师在开玩笑。这时，他将兜里的打火机掏了出来，将尺子点燃了……你能想到的，我们的眼睛都瞪圆了，当然我们也吓呆了。透过火光，我看到老师自信而迷人的微笑——尺子被烧成了一小截。他接着问我们，还能再使用吗，孩子们？

大家都不知道该说些什么，但是我敢断定，所有的学生都在快速思考着这个问题。他等了一会，富有哲理地告诉我们，做事情一定要动脑子，尺子虽然烧坏了但是还是可以使用，重新选个刻度做开始，又可以测量了，人生也是这样，什么时候都可以重新开始……

上了中学，又遇到了一位物理老师，这位老师让我爱上了

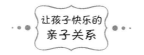

物理。在讲压强、压力、面积的关系时，我们觉得非常晦涩难懂。这位老师突然举起墩布，把墩布把朝向第一排的一个男生。男生很慌，却故作淡定地笑了笑。物理老师貌似用力地捅了捅男生，问他疼不疼？男生说不疼！大家一笑。物理老师突然阴森森地坏笑了一声，说道如果我把这个墩布头削尖了，用同样的力量捅一捅呢？大家都笑得泪奔了……过了一会，老师说，看！压力没有变，受力面积小了，压强就大了，所以他们是反比的关系啊！大家给老师报以了雷鸣般的掌声。

还有一次，这位物理老师讲重力与压力在什么情况下是相等的这个课题。四十多岁的男老师啪的一下，踩着椅子上了讲桌。我们又一次惊呆了……过了一会儿老师站在讲台上，站得笔直，还调皮地剁了两下脚，说道，记住！只有垂直的时候，重力才会和压力相等……

遇到好的老师就是学业生涯最大的幸运！在这两位老师身上，我们似乎看到了一些共同点。

第一，充满激情！他们爱自己的学科，很爱很爱。所以整个课堂形成了一种强大的气场，就像我们在看马戏团或电影，刚开始的时候，所有的观众都会屏住呼吸，谁也不会说话，大家都已经完全投入了。

第二，充满智慧！他们一定是一个热爱生活，并在生活中不断思考的人，真正践行了那句名言"生活即教育"！所以他们举得例子，他们的示范都是那么贴近学生生活，给枯燥的定理公式套上了温暖舒适却并不华丽的外套。

第三，充满勇气！他们敢于突破传统的教育教学模式，结合自己的理解,让学生们从一个新的角度品尝一门科学的味道。他们的勇气来源于对孩子的了解，来源于他们愿意放下自己教师的身段。

就在前一段时间，教育界似乎兴起了一阵"学科整合"之风，学校希望各个不同学科的老师坐在一起讨论学科整合的方式，于是出现了一种新的课堂模式，一堂课有 40 分钟，选择一个主题，语文老师讲 10 分钟的语文然后下台，数学老师登场讲 10 分钟，历史老师讲 10 分钟，最后地理老师最后收尾……这种走马灯的形式居然得到了很多教育专家的认可与推崇，让人感到汗颜！

理性的学科整合不是几个人的整合，而是一位具有复合式能力的教师把不同的学科与自己所教学科的整合。在上面的例子当中，那位数学老师就是巧妙地将数学与心理学、品德课完美结合，让你觉得数学并不枯燥乏味。我在五年前给六年级同学讲过一节音乐课《盼红军》，开篇我就问学生，"盼红军"三个字哪个最重要？学生说是"盼"字。

我说"盼"并不重要，如果"盼"重要，我们可以把红军换成强盗、坏蛋之类，意思就变了。"红军"两个字最重要！为什么呢？因为在那个黑暗时代，老百姓饱受着折磨，随时面临着挨饿甚至死亡的威胁，只有红军来了，他们才有希望活下来，这就是为什么红军重要，也就是为什么作者会用"盼"字了。

这种语文课的开头完全是为了让孩子能够理解这首歌的情感，这种整合让学生明白音乐与语文也并不遥远，音乐需要内容的理解，语文也充满了艺术的气质。

之后，我又问了他们一个问题，歌词五段，旋律完全一样，还有什么不同呢？学生们笑着说"字不一样"！我一边轻弹着钢琴，一边告诉他们，他们从正月开始盼，盼了半年，红军来了吗？还没有来！但是他们的处境却是越来越艰辛，越来越危险，所以五段的歌曲在情感上越来越强烈，因为大家的心情越来越焦虑……

我分明看到孩子们的眼中闪烁出了顿悟的光芒……

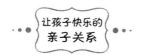

5. "到此一游"不是孩子的错

"到此一游"是个老生常谈的问题，就是游览者破坏文物或景点，在上面欣然刻上自己的名字，如×××到此一游。究其原因，一方面是模仿他人的行为觉得好玩，另一方面是想留个纪念，看看自己活到晚年时重游故地是否还有此情此景。

当我们的中国孩子把这套从孙悟空那里传下来的技术运用到埃及文物上时，大家就都按捺不住气愤之情了，因为中国人是爱面子的，家丑不可外扬，我们本来不能接受外国人对我们的负面评价，这下有了证据，让我们无地自容。

我们集体行为是对一个处世未深的孩子进行口诛笔伐，这里面多多少少有些情绪宣泄之嫌，其实我们静下心来想想这里面有多少是家长、教师、社会并没有尽责的缘故？

现在的孩子更喜欢自我，更喜欢彰显个性。我们对他们进行一味地口头批评与警告，只会让他们觉得无辜与无助，觉得大人不理解他们，离他们很远很远。我一直认为孩子出现的问题，都不是道德问题，而是社会问题与家教问题。

其一，题字是中国人的传统。最早要说孙悟空，在如来佛祖的手上都敢题字，还有什么地方不敢题字呢？中国的文人都喜欢题字，表达自己的情怀。如唐代有个著名的题字故事，李白来到黄鹤楼，本想表达一下情怀，突然见到上面已经赫然可见崔颢的大作"昔人已乘黄鹤去，此地空无黄鹤楼。黄鹤一去不复返，白云千载空悠悠。晴川历历汉阳树，芳草萋萋鹦鹉洲。日暮乡关何处是，烟波江上使人愁。"自觉不如其才，长叹道"眼前有景到不得，崔颢有诗在上头。"于是放弃了题词。乾隆喜欢题字，毛泽东也喜欢题字，可以说题词题字已经从文人过渡到领导人物身上，使其成为了一种特殊的社会符号。就像李白喝酒，大家都喝酒，偶像人物做出的事情，孩子们自然也就会觉得应该模仿一下，有一种瞬间的伟人般的巅峰体验。

其二，父母对于文化的淡漠。儿童去参观，自然是与父母同行。去游览名胜有多少人是怀着对于文化的向往而去的呢？有的家长为了开阔孩子的视野，这本是无可厚非，但是要明白只有视野没有思考，就像在无风而炎热的夏天把窗户与门都打开，热气会进来，温度不会下去——没有父母的文明之风，孩子只能永远活在燥热中。经常在街上看到，有的家长当着孩子在地上吐痰，有的家长甚至把孩子手中的垃圾拿过来丢在地上。别怪未来的孩子在社会上遭人冷眼，这都是家长早年的造化所赐。

其三，缺乏表达的渠道。在埃及题词也好，在北京题词也罢，孩子的表现折射了一种心理状态——在雄伟的文明与文化面前，我要证明自己的存在，"到此一游"成为了一种比较粗线条的创造力方式。原因是他缺少一个表达的机会，一个沟通的平台，一个展现的舞台。**机会、平台与舞台本应该来自于家长、教师与大众媒体，当我们没有建设好儿童表达渠道时，儿童自然就把文物当作了黑板。**对于家长，我想说，如果我们真的表现出了对于古老文明的热爱与珍惜，孩子不会做出"到此一游"这种行为，我们与孩子在参观之前应该做好一些功课，

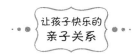

在参观过程中，与孩子进行心得的交流，让孩子们说出自己的感受，把自己的想法与热爱记录在自己的旅行日记中。对于教师，我想说，应该为孩子们建立一个更为立体的校园个性舞台，通过校刊、校报、校广播电台、电视台、黑板报、壁报，或组织文化节，让孩子将自己的所见所闻"有的放矢"，鼓励出游，鼓励有所感悟，鼓励大家分享。对于大众传媒，我想说孩子们其实很缺少施展个性的空间，因为我们在更多的时候是用大人的标准作为社会的规范，用大人的需要作为社会的追求。我们与孩子共用一个网络社区，一个电视屏幕，对于孩子的欣赏与表达的需要考虑得很少很少。

　　既然题字是一种传统，我们就建议孩子自带随行笔记，随时题字；也建议相关单位设计留言簿与滚动字幕，这样既满足了大家的文化心理需要，又保护了文物。

第 *8* 章

亲子关系案例讨论

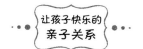

1. 让孩子从多动到"合理动"

上周，咨询室接到了这样一个案例。有一个年轻的妈妈有一个一岁半的可爱儿子元元。元元活泼而且风趣幽默。在商场购物，当客梯达到一层时，儿子会用清澈的嗓音喊道："叮咚！一层到了！请大家慢行！"逗得大家哈哈大笑，看得出母亲也很骄傲。最近一段时间，元元突然对饮水机产生了浓厚的兴趣。一天要玩上几次，每次都直接开饮水机的按钮，弄得满地是水。年轻妈妈采用了说理的方式与批评的方式，都是无济于事。她在准备采用武力解决之前，来到了触摸心灵坊，希望勇赫老师能帮个忙。

这个案例其实再普通不过，因为每个家长都会遇到。孩子总是会有一些类似"破坏性"的行为，你根本不明白他为何这么做，因为这么做根本得不到家长的表扬与奖赏，但是他们却乐此不疲。有很多家长和专家把这种貌似不正常的行为归为了"多动症"，甚至还强迫儿童服用药物。多年前，我参加过一次 ADHD 注意力缺陷的研讨会，在会上，主讲专家非常卖力，他甚至郑重地表示每一个班至少有一名多动症的患儿，患儿不但自身会受到影响，还会伤害到别人，"所以请大家一定要带具有多动、抽动或者注意缺陷的患儿来到医院治疗，……是国内最好的药，无毒害，放心服用。"

当听到这里的时候，我才回个神，原来不是科普讲座，而是药品推介会。五年过去了，当我阅读了大量的书籍、接手了太多的案例后，我才明白患上多动症的概率很小，最好的治疗是行为治疗，而不是药物治疗。可能有人认为我在挡别人的财路，那也没有办法，我的良心要求我冒着险。

行为或习惯的塑造有个最佳时期，是儿童 0 ～ 3 岁，我不止一次和家长谈到这个问题。让人感到失望的是，很多家长还是在这段宝贵的时间，灌输孩子大量的知识，而没有关注孩子的行为养成，这才使之后发生了多动表现、孤独表现或狂躁表现。

这位年轻妈妈使用了说理的方式，我感到非常欣慰。但美中不足的是，说理的方式是从 3 ～ 6 岁开始的，因为那个时期孩子的思维方式已经从感性思维向理性思维过渡，他的认知水平也达到了一般水平，可以进行无障碍的沟通与理解。

这位年轻妈妈还使用了批评的方式。这也是很好的，因为批评不同于谩骂，属于理性的教育。但是，需要注意的是，不是所有的事情都要用批评来解决的。批评的事情一定是与道德有关，而与道德不相关的事情，不是儿童的意识所为，大多数情况是无意为之或者出自本能。之前，我们讲过一个孩子在吃饭时候爱说话的例子。孩子天生的表达与表现欲本是他的优势，他自然希望通过一个家长与朋友都在的场合，去展现自己，这本身是无可厚非的。问题是，他一说话，家长吃不下，朋友们也许会感到反感。这时候，你应该对孩子说："亲爱的，现在你的演讲可能大家都没有听进去，这也是你不想看到的，等大家都吃完了，我们在听你的个人演讲，好不好？"这样一来，孩子也感到自己受到了尊重，朋友们也会觉得你很有教育水平。

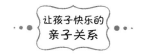

武力解决自然是这个时代所摒弃的，它和这个时代的主题——和平与发展是违背的。还有没有别的方法呢？

有一种叫做"合理动"的心理学方法——就是将行动合理化。你要知道0～3岁的孩子，并不具备社会经验，他更多地采取的是模仿行为和试误行为。模仿行为，很简单，很好理解。试误行为，又叫错误性尝试，由教育心理学之父桑代克提出，最著名的就是他的小老鼠走迷宫实验。小老鼠关在迷宫里，它不会分析，也不会坐以待毙，它会一遍一遍地试路线，走错的路线，它就不会再走，所以它最终会安全走出迷宫，当再把它放进同一个迷宫里后，它便会一次性走对。

有意思的是，0～3岁的儿童与动物的思维很像，他们也在进行着错误性的尝试。这其中除了智力水平的原因外，儿童的语言水平也有很大关系，0～1岁时可能不会说完整的话，1岁之后不能听懂许多家长的语言，在这个时候，每天又要接触很多对他来说新鲜的玩意，他只能够凭借自己的尝试去接触，而不是凭借经验或者家长的指导。

很可能在元元的脑海中，饮水机不过是一个装着水的玩具，而当他把水从桶中取出来，他会感到一种乐趣，甚至成就感，这只是他的想法而已。很多家长，采用了批评甚至暴力的方法，破坏了儿童了解世界的过程。

合理动，就是给他的行为重新定义，并且具体而可行。针对于此，我给他提出了具体的解决方案。

1. 认同孩子的行为为正常行为，停止一切批评与伤害。这点说来简单，其实也难，需要家长有一定的心理学基础和一颗包容的心。

2. 开一个家庭圆桌会议，讨论喝水的重要性。你总以为孩子只会玩，其实不然，他们会通过媒体、同辈群体、家长、朋友之间了解很多信息，并且会自觉组合并拓展，形成自己的一套"观点"。在会上，我们都来说喝水的重要性。

3. 会后公布饮水管理员和职责。在会后，可以给孩子一个惊喜，公布他为第一届饮水管理员。饮水管理员需要做到两点：一是保障饮水机周围的干净整齐。二是每天早上起床为每个家庭成员倒一杯水。

4. 在公布时一定要严肃而庄重，让孩子觉得这个不是游戏，而是责任。这样一来，孩子的破坏性行为就被转化成了建设性的行为。

我经常说，家长们容易犯一个通病——用成人的标准要求孩子。这包括，孩子的行为、孩子的思考方式、孩子的聪明程度、孩子的小要求、孩子的自律……这不是行为层面的揠苗助长，是精神层面的揠苗助长，孩子肯定会受到伤害。有的时候，我们总以"恨铁不成钢"来自我安慰，其实我们太应该用"己所不欲，勿施于人"来自我批评了。

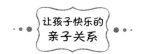

2. 离婚了怎么育儿？

勇赫大叔：

　　您好！我家宝宝现在3岁半了，我和孩子的父亲在去年离婚了。他父亲是一个非常不负责任的男人，对孩子的事情一点都不关心。我现在担心的是没有父亲的教育环境，会不会对孩子有影响。现在看书的时候，我会尽量不让他看到爸爸的画面，他现在也好像懂事似的，刻意地跳过有父亲的画面，我也不知道这样做对不对。此外，我不知道什么时候与童童交流和他爸爸离婚这件事情为好，请老师帮帮我。

给童童妈妈的回信

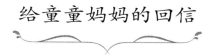

童童妈妈：

　　离婚对于一个孩子的影响是一生的，有的孩子会以此更加早熟与独立，但是更多的孩子会表现出安全感的缺乏与过于敏感的特征。你说的没错，没有父亲对于孩子的成长环境当然会有很大的影响，父亲在生活中给孩子更多的勇气、自信甚至智慧。面对现状，如果真的是一个非常不负责任的父亲，也可能你做出了一个正确的判断，那么我希望给你一些建议，让孩子能够尽可能的受益。

既然离婚已经成为了一个事实，那么我们必须接受它。我们都是成年人，用理性思维做出了抉择，要承担抉择带来的一切后果。但是我想说的是，如果你想让孩子不介意这件事情，你首先要放下这件事情。从你的言语中，你可能还对孩子的父亲有恨有介意，这些都会影响你的情绪与生活。你要明白离婚在如今的社会已经不是一个难以启齿甚至惊天动地的事情，有很多的人重复着同样的故事，所以你可以告诉自己这很正常。只有抱着这样的心态，在面对孩子的时候，才能显得很自然，让孩子可以自然地接受这个事实。

你说在给孩子讲故事书的时候会刻意回避父亲的角色，我觉得根本没有必要。这种回避是一种隐瞒，对于孩子接受现状没有任何的好处。就象我上面所说，如果你接受了现状，你就让孩子以一颗平常心接受它。

至于何时告诉她，我有自己的想法。很多人认为要到长大之后再告诉孩子离婚的事情，这是不对的。因为对于童年的隐瞒，在青春期的孩子眼中是最严重的欺骗，而且到时候会更难以接受，甚至导致精神崩溃。我觉得3～4岁是告诉孩子离婚事实的适合时期，他们没有过于理性的思维与逻辑能力，但是可以听懂一些简单的人之常情，与他们非常客观平和的进行交流，可以让他们接受这个事实。

在我看来，亲子教育中最需要做的，是调整好母亲的心态。老言古语经常说，人生不如意事常八九。我们一生会经历各式各样的挫折与难关，关键看我们的心态与应对。母亲如果面对离婚这件事情上灰心丧气或者狂躁不安，会直接影响到孩子对于感情、生活甚至人生观的思考，倘若母亲表现得很淡定、从容，用一种积极阳光的心态面对生活，会让孩

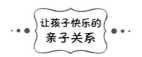

子体会到母亲的坚强与果敢，会自觉像母亲学习，获得人格的提升。

童童妈妈的人生路还很长，童童的人生路更长，我们需要的不是面对现实困境，而是如何争取美好生活。

勇赫

3. 成人化童装的影响
不亚于教育环境

近来，有一条新闻，说幼儿园不提倡儿童穿园服，将近两成女孩穿着暴露，家长为他们选择了"成人化"的服装，并且这种童装"薄露透"的趋势正在愈演愈烈。当我看到这条新闻的时候，并没有震惊，因为我知道这是社会发展的正常现象。我们还记得前些年，在一些综艺节目或大型演出中，出现了一批小童星，在台上的他们穿上了小西服、小晚礼服，让多少家长看了羡慕不已。在那段时间，媒体上就出现了一些批评的声音，不该让孩子穿成人化的服装，不该让孩子说成人的话，不该让孩子做成人的表演。结果是，节目中的孩子们依然在"成人化"，而且这种"成人化"已经飞入寻常百姓家了。

儿童服装的选择一直没有得到大家的重视，而这种明星效应却成为了家长们的一种参考。家长为孩子选择成人化服装有着深层次的原因。第一，明星或爱美的情节。很多的家长从小羡慕明星或者一些身材容貌姣好的人，但由于自身的条件，如身材不够好，而最终放弃了很多事情，孩子的出现恰好是一种心灵的补偿，她希望孩子穿上自己喜欢的衣服，也相当于自己圆梦了。第二，虚荣与攀比。时尚有时候会让人趋于盲目，由

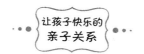

于很多人选择了成人化服装，证明这个是被大家普遍认可的，所以我们的孩子也必须跟进。第三，新鲜感。成人化服装在家长看来可能更像是一种玩具，而不是正式的服装。

无论出于什么原因，成人化的服装正在影响着孩子的成长，这是一个不争的事实。如果说成人化童装有什么好处呢？我觉得它可能满足了孩子们的好奇心，让他们对于大人世界有了一丝朦胧的了解。另外，尝试一下，可能会对孩子们的审美有些启发，原来服装可以如此丰富多彩。事实上，拥有一件两件这样的衣服，而且不经常穿着，我觉得对于孩子的身心发展不会有太多的坏处，然而经常穿着，甚至鼓励孩子穿着，则是极为错误的。影响在于：

1. 身体的危害。成人化的服装讲究塑身，比如紧身、提臀，这样对于成人本身就有危害，对于儿童更不必说了。儿童正处在身体的快速发展期，而且需要经常运动，塑身的衣服会造成很多不必要的伤害。

2. 心理的影响。服装对于人格的形成有着重要的意义。我们知道，很多男孩子偏女性化，并不是因为他的主观意愿，而是童年时期，家长喜欢用女孩子的衣服去装扮他。大人们只是觉得好玩，可是却不知道，服装对于人有着强烈的自我暗示效应，你穿什么就是什么，就会成为什么样的人。女童穿着暴露让人们觉得憨态可掬，而女人穿着暴露则暗示她是一个轻浮、勾引或从事不良职业的人。所以，我们看西方，总觉得西方特别开放，事实上西方人，比如英国人对于儿童的服装有着很多的讲究，他们不但要严格要求服装面料质地，更认真对待儿童服装的款式。男孩子应该有绅士的服装，女孩子应该有淑女的服装。这是一种无声的教育，所以我说服装的影响一点都不亚于教育环境。

3. 社交的影响。当儿童群体中，有一个孩子穿着了成人化的童装，那必然会成为大家的焦点，看似是带来了自信，事实上是带来了压力。从某种程度上来说，儿童并没有应对众多评价的心理机制，这可能会为其徒增很多烦恼。从另一个角度说，成人化童装还影响了儿童交流的话题，让他们更多地关注外在，而不是内心。

这让我突然想起来另一个社会现象，就是童歌的创作也是越来越少了，孩子们都在演唱着成人歌曲，这不得不说整个社会对于孩子们成长的关注太少了。当孩子们真正有了自己的歌，自己的服装，自己的电视节目，我们的社会也许就不再显得那么浮躁，那么功利了。

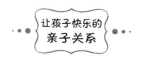
4. 你的孩子是高消费吗?

勇赫老师:

　　您好!我家孩子今年初三刚毕业。我感觉孩子是越来越不像话了,昨天刚跟她吵了一架。我和莉莉的爸爸在莉莉6岁的时候离婚了,后来我建立了一个新的家庭,孩子跟我。我现在的丈夫对孩子很好,总是一味迁就莉莉,就说上个月,莉莉的苹果手机丢了,还非要再买一个3000多元的手机,我不给她买,我们两个闹了别扭。孩子的后爸最后用自己的钱给莉莉买了一部新手机,孩子很高兴。前几天,她跟我说参加学校的化妆舞会想烫头,我不同意,昨天她自己把头给烫了,一点儿都不像学生,我跟她就因为这件事情大吵了一顿。莉莉总是喜欢买贵的东西,这让我也非常的苦恼,我真不知道该如何教育她,希望您能给我一些建议与帮助。

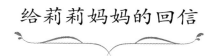

给莉莉妈妈的回信

莉莉妈妈:

　　您好,对于组织的家庭的孩子,他们往往会有一个共性——缺乏自信,这一点可以通过莉莉更换好的手机、烫头发和买贵的东西这些细节处很好地发现。这不是孩子的问题，应该给予她更多的精神的支持，当然也要讲求一些科学的方法。

1.了解青春期孩子的心理特点，肯定她的审美。

时代变了，"90后"的孩子和我们"70后"、"80后"的成年人在对事物的追求与审美的角度有很大的区别。莉莉烫头发是她对于美的理解，也许你会认为肤浅，认为不适合，但是你首先要接纳他们对于美的诠释。曾经有一个初三的男孩，因为头发长过眉毛，被一名教育处老师全校点名批评，这位男生于是在一个角落里使劲揪头发，搞得家长非常气愤与这位老师大发雷霆。其实我们想一想孩子对于美的理解恰恰是他们自我人格形成的标志，他们希望改变自己，这是多么可贵的品质啊！我们一上来就批判，导致了他们不愿意和我们进行交流，甚至畏惧或停止了改变。对于莉莉，我觉得你应该首先肯定孩子为美所做的改变，给她自信心，然后再进行引导，而不是指责。

2.人称的运用，决定了谈话的质量。

我曾经说过，0～3岁的亲子沟通要多用"你"和"我"，3～6岁的亲子沟通要少用"我"多用"你"，6岁以后的亲子沟通要尽量不用"我"和"你"。0～3岁的时候是教孩子区分自我非我，3～6岁是让孩子学会独立思考，而6岁之后，是在亲子沟通过程中让孩子逐渐学会客观地看待周围的世界，学会多角度地思考问题。所以在沟通的过程中，我们可以多去说"同学们怎么看这个事情呢？""老师们有要求吗？"这样一来，孩子会觉得很放松，也会明白自己做的是不是合适。你专横的教诲对于孩子没有任何的帮助，只能让孩子离你更远。

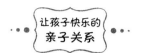

3. 情绪的控制，是家长必修的一课。

"气死我了！""那一刻我都想抽她！"当你听到了别人家孩子发生了类似的事情，如别人家孩子染发，你肯定会特别轻易地劝阻你的朋友，说"多大点事情啊！不就染个头发吗？"你说的头头是道，到了自己的孩子却换了另一套标准，真是"医不治己"啊！当孩子做错了事情，你第一件事情是控制情绪，因为这段事情恰恰是留给你来思考对策的，同时让孩子很好的自省。至于孩子背着你做了事情，你一定不能马上批评他，如果这样他会永远背着你做事情，而且不会和你分享了。

4. 分清错误类型，惩罚有别。

在案例中莉莉的错误，如染头发，换手机都是很普通的事情，只是不同的家长有不同的容忍度，你要分清她的错误是"道德"还是"非道德"的。至于"非道德"的问题，我们采取引导与教育的方式，对于道德的问题，我们才可以使用比较严厉的批评与惩罚，这样孩子才能够分清什么事情可以做，什么事情绝对不能做。

5. 购物是哲学，训练孩子的情商。

我给很多家长都在讲，理想教育一方面体现在交流上，另一方面就体现在购物上，我把购物看作是极好的一个教育阵地，有的人管这个叫做财商教育。莉莉非常喜欢买贵的，那是因为她认为贵的就是好的，贵的可以得到最好的质量，可以得到大家的羡慕，那么我们家长是否有自己的看法呢？贵的是不是就是好的呢？我给你举个例子，一天早上，你可以给孩子两套方案，A 方案是吃必胜客，B 方案是吃马兰拉面，很显然如果孩子喜欢贵的话，她会选择 A 方案，而有意思的是两个方案的总经费是相等的，B 方案省下来的钱还可以再去公园游玩，也就是说A方案是一个项目，而B方案是两个项目，这样一来孩子就会明白，贵的不一定是好的，对的才是好的。

6.客观介绍家庭情况，让孩子全面了解。

很多离异家庭或重组家庭都不希望让孩子过多地介入家庭，这是不对的。重组家庭对于孩子来说是一件不幸中的幸运。比如乔布斯，他生活在养父母的家庭，但是得到家庭的温暖与好的教育，这才为他未来的成功奠定了坚实的基础。我们要让孩子了解他的背景，更要让孩子参与家庭事务。如做家庭劳动、开家庭会议等。

7.培养特长，创造价值与成就感。

培养孩子的特长，这是培养自信心的不二方法。现在的孩子，不光是处于青春期的孩子，或多或少都会把目光集中在物质的享用上，这是受社会环境影响导致的，但是他们自己也清楚物质的享受是短暂的，是昙花一现的。需要培养自己的优秀特长，展现自己的才华，这样才能最终产生成就感。

重组的家庭，恰恰也是儿童人格的重组。如果我们换个角度看不利因素，儿童在新的家庭接触了新的文化与角度，对她未来的发展或许是件好事，尽早让她学会独立，学会分享，才是我们家庭教育的重心。

勇赫

5. 幼小衔接的压力疏导

　　孩子焦虑母担心，正是幼小衔接时。马上就要小学开学了，孩子们非但没有像家长想象得那么兴奋，反而有些不安，而且这种不安不会马上消除，还会持续到小学一年级。这就是"新生综合征"。他们还没有做好准备，自己却已经成为了小学生了。我们会经常听到孩子在耳边念叨"妈妈，小学什么样啊？""爸爸，小学好玩吗？"当你把她带到小学门口，她又紧紧抱着妈妈的胳膊，眼睛瞅着校门，表现出一丝顾虑。

　　当她上了小学，问题也更突出了，她对新环境一方面表现了好奇，另一方面却是恐惧，因为这和幼儿园太不一样了。

　　其实，他们的焦虑是正常的，也是心理发育的一个过程。而从幼儿园到小学则是一个非常大的跨越，孩子们需要接受这个社会化的过程。这个过程会促使孩子们进行思维方式与人际交往方式的转变，当然也就形成了压力。这个压力具体来自哪里呢？

　　1. 学习任务。

　　无疑，学习任务是呈梯度上升的。幼儿园时期是启蒙阶段，孩子们只需要体验，而没有知识与能力的目标。小学则不一样，每一节课都会有明确的学习任务。另外，从难度上来说，小学的学习更加地系统而深入，已经习惯了幼儿园生活的孩子们一时很难适应小学的学习任务。

2. 环境要求。

是的，除了学习以外，你会发现，学校里有很多的纪律和作息制度。一些比较安静和乖巧的孩子可能比较容易适应学校生活，而一些调皮和好动的孩子往往感到压力，当然他们也给教师带来了一些压力。家长与教师也会给孩子提出很多期许，6岁之前，我们都说，"只要你每天健康、快乐地成长就足够了！"到了小学，你发现你越来越在乎孩子的学业成绩，总把成绩与排名挂在嘴边。家长与教师对于孩子的各方面要求，也会给孩子带来很大的压力。

3. 角色转换。

在学前，儿童主要是围绕家庭进行活动，是家中的小公主与小王子，习惯性以自我为中心。进入小学之后，实际上是进入了集体生活，成为集体中的一分子。在集体中，儿童不再被重点关照，教师也不会像父母一样加倍呵护一个人或者两个人。这种失落感同样会带给孩子一丝不安。有很多孩子希望把教师当做父母，却发现并没有可能得到更多的关爱。

4. 人际交往。

幼儿园时认识的好朋友，大家各奔东西，儿童会因此第一次体验朋友分别的痛苦，另一方面，进入新的环境又要结识新的朋友，在没有太多交往经验的情况下，他们不知道如何去接近和接纳身边的伙伴。当然，很多人际交往的方法应该由家长来提供，这是学前非常重要的一课。此外，如何与老师相处，也是他们非常头疼的一件事情，他们会发现班主任与幼儿园的教师有着太多的不同。

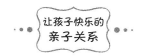
5. 精力分配。

到了学校，朝七晚四，大部分时间是在学校度过的。学前吃饭、睡觉与游戏总是被家长一手料理，而成为了小学生，自由的空间大了，选择的余地也大了。除了上课学习以外，学校还会有很多的活动、比赛，哪一个是主要的？哪一个是次要的？哪一个需要先完成？由于孩子缺乏生活经验，往往会比较困惑。

以上五点，是普遍存在的问题，家长朋友们需要格外关注。大家可以试试下面一些方法，对孩子尽早适应小学生活可能会有帮助。

1. 观察与倾听。

观察其实就是关注，及早发现孩子的情绪变化。倾听是最好的方法，在咨询心理学看来，社会支持系统是预防心理问题有效的途径。家长恰恰是儿童最强的社会支持系统，多去倾听孩子的烦恼，本身就是对孩子最大的支持。

2. 客观描述，情景预设。

很多时候，不适应环境是因为没有经验，缺乏心理准备。在出现很多特殊情况如同学之间的矛盾、考试失利等，不知道如何去应对。这就需要家长朋友们做一下学校生活的"客观描述"，将学校生活可能遇到的方方面面，不夸张也不隐瞒地告诉给孩子，让孩子心中有数，具备"心理免疫力"。一旦发生了类似问题，不至于慌张。

3. 铺设愿景，树立梦想。

愿景是一个人希望实现的状态与情景，愿景教育就是通过帮助儿童一起建立他所期望的愿景，让他的努力与愿景紧密相连，简单来说，就是让愿景成为他学习与发展的动力。"在小学中，你希望自己是什么样子？"当然，建立的前提有二，一个就是刚才提到的对学校生活"客观描述"，另一个则是多带孩子去参观游览，增长见闻。

　　幼小衔接是非常重要的，除了家长以外，学校也应该引起足够重视。现在，按照教育部门的规定，每个中小学都要配备专业心理教师。新生入学时，心理教师应该对学生进行集体的培训，对待性格孤僻、暴躁的学生要格外悉心照顾。及早发现不适应的情况，及早进行个案咨询与团体辅导。

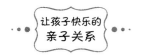

6. 父母不要做孩子的家教

勇赫大哥：

你好！我今年 32 岁了，有个女儿 7 岁现在上一年级，平时孩子好动很机灵，可是读书的时候老师反映小孩上课注意力不集中，放学回家读书时我发现一个现象，一个她上课时没有记住的字或英语单词发音，不管我怎么重复给她教，就是很难记住，有时一个字或单词要教几十遍甚至上百遍才可以勉强记住，每天晚上要花很久的时间教她读书，进度很慢，而且每天要很晚才可以睡觉，我怕影响她休息，第二天上课有影响了！！我想请问勇赫大哥这种情况的孩子遇到过没有，有什么方法可以改善一下吗？ 谢谢！！！

给家长朋友的回信

家长朋友：

您好！感谢您的信任，由于工作较忙，没有很快回复您的邮件，向您表示抱歉。像这样的小女孩是非常常见的小女孩，像您这样的家长也是非常常见的家长。一方面，受过高等教育的家长，正处在事业上升期，背负压力却勇往直前，要强奋进的心怎么能容忍自己的孩子落后给同龄的孩子？另一方面，刚上小学的孩子，环境发生了变化，从最初的无忧无虑到严格要求纪律，从自由发挥想象力到统一的教学考试，让她怎么能那么快适应呢？

两方都是无辜的，我去帮哪一方呢？在心理咨询上，我们把前来求助的人称作案主或来访人。这意味着，其实在生活或工作中，是您更加感受到内心的痛苦，并希望把问题在咨询师这里解决掉。那么，我想，我要帮的人，应该是您。

从始至终，您一直围绕着一种标准来评判孩子，如"很难记住"、"勉强记住"、"进度很慢"，这个标准不是ccc标准，也不是ISO9001，是由您钦定的。您的这个标准也并没有客观数值厘定，而就是自我的感觉。最可怕的，是您拿自己和孩子进行比较。这就好比大象嫌小象力气小，老鹰怪小鹰飞得慢。"用成年人的标准要求孩子"是古今亲子教育的通病。还记得揠苗助长的故事吗？我们的初衷都是伟大而善良的，而不当的行为却能真正伤害我们的孩子。

小孩子上课注意力不集中，平时好动又机灵。这是多么正常的一个现象！刚刚上小学的孩子，头脑会时常浮现家庭的场景。面对老师冷酷的脸，她更加迫切想念妈妈亲和的笑容。在很大程度上，小孩子的精神不集中表现了一种回避行为，即他们通过转移的方式来化解内心矛盾。另外，根据认知心理学的观点，精神不集中的孩子是因为大脑处理信息较快，所以这类孩子可以在很短时间处理不同的事情，而精神集中的孩子就是我们常说的"反应慢"。我觉得这种说法可以作为一种参考，并不绝对，但有一点是可以肯定的，人的反应是可以经过训练而改变的。

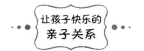
　　至于您说有个重大的"发现"，我倒是发现了一个最最致命的问题。就像我们在单位一样，每一个人都有自己的职位，每一个职位都对应相应的职责。孩子的学习由谁负责？我敢说0～6岁是家长负责！6岁以后，就是孩子和教师共同承担的事情了。我在前面的文章里也写到了，如果6岁之前，我们的孩子进行了丰富而合理的亲子教育，6岁就意味着他或她已经心理断乳了。他可以独立去思考他的生活，并通过求助与咨询的方式实现自己的目标。您在苦口婆心地教孩子学英语，显然是希望能够提高她的英文水平。您超越了您的权限，既没有帮助教师，也没有帮助到孩子。相反，儿童产生了一些错误认知。第一，学习就是我生活的全部，生活实在是太没有意思了。第二，母亲可以给我做一些辅导，上课的时候听不到也没有关系。这种错误认知毒害太深，将会持续贯穿他们的学业生涯。

　　首先，不要过多寻问她的学习，去关心她的生活与爱好。一个人只有爱生活，她才会更爱学习或工作。一个对生活都失去兴趣的人，也就失去了梦想，当然也就更加不重视实现梦想的手段——学习与工作。

　　其次，让孩子明白学习是自己的事情。我们可以首先以访谈的方式，展开我们对于学习的讨论。静下心来，把眼前的孩子当作一个成年人。"现在学习成绩不太理想，告诉妈妈你觉得是什么原因？""有没有什么办法可以把这个问题解决？""妈妈有什么可以帮助你的？""不要着急，只要你努力就好了！"这样的语言就像"踢皮球"，始终把球踢给孩子，让他认识到学习是自己的事情。不要给予学习上的帮助，哪怕你是大学教授！学校的教师与同学才是他去求助的最佳对象。在求助的过程中，他不但学会了知识，还学会了沟通。

再次，规律作息，养成良好习惯。学习时间和休息时间、娱乐时间由他自己来规划，规划好了就要严格执行。这样一方面提高了他的效率，一方面也让他有更强的自主意识，进而提高了他的学习积极性。

最后，想说说如何提高英语单词的记忆力。我不是英语老师，没有资格讲解。但是根据心理学关于记忆的研究，睡眠之前是最好的时段。每天如果9点睡觉的话，8点30分进行英语单词或其他背诵训练就足矣。由于睡前神经紧张于单词的记忆，睡眠时头脑会继续映射单词，大大提高了记忆的效率。其他的时间，不要看单词，让他们多看看大自然吧！

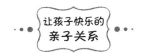

7. 如何让孩子快速适应幼儿园生活

孩子能很快地适应幼儿园生活，并能够在幼儿园中开心成长，相信是每个家长的心愿。我曾经讲过，孩子上幼儿园是需要家长做一些准备工作的。因为我们都知道幼儿园生活代表着孩子进入了一个新的社会化阶段，从家庭生活过渡到集体生活。环境的变化一定会让孩子害怕、紧张甚至反感。我们要对新的环境作一个"描述"。我们需要告诉孩子们幼儿园是做什么的，幼儿园有温柔漂亮的老师，幼儿园有可爱的小伙伴，幼儿园有学习的场地，也有好玩的玩具——这些描述基于家长们的经历，但更多基于对于孩子所上幼儿园的了解。让孩子对幼儿园的生活充满向往，对于开心入园显得尤为重要。

有的家长问我，孩子入园后不停地哭闹，家长该怎么办？

你要明白，每一个孩子的适应环境的能力是不一样的，有的是快热型，有的是慢热型。

首先，你要对自己的孩子充满信心，并把这种你对他的信任告诉给他。其次，我们要对孩子的哭闹进行理性的分析：是因为新环境的恐惧还是因为遇到了真实存在的困难？如果是对于恐惧的哭泣，属于合理的宣泄，当他适应了环境，恐惧也就随之消失了。但如果真实存在师生之间的问题，或小伙伴们方面的矛盾，则需要向老师了解情况。切忌用"真胆小！"、"真没用！"之类的话来刺激他，这样会加深他的恐惧。其实，这时候也是一个亲子沟通的机会，你对他表示理解，如"每个孩子都会有一个过程。"、"你已经做的很好了！"他会感觉到安全感，进而加深对家与社会的理解。最后，态度与语言保持正面、积极。"听说幼儿园很有意思，告诉爸爸妈妈今天与哪个同学成为了好朋友啦？"

为了孩子更快地适应幼儿园，家长一定要训练孩子的自理能力。

3～6岁阶段既是幼儿园入园学习的年龄，也是亲子教育的关键期。在这个时期，父母尤其是母亲对于孩子的影响非常大，甚至超过幼儿园的老师。如果说0～3岁训练的是孩子的基本行为能力与行为习惯，那么3～6岁训练的是孩子的人际交往能力、独立心理与情商。所以我们提倡早教的原因就是，习惯的训练有最佳的时期，错后的效果也会大打折扣。从他律到自律是一个非常重要的过渡，也就是孩子逐渐形成自理能力的过程，保持家庭自律水平与幼儿园的自律水平一致，或者在家中的自律水平略高于幼儿园，则可以轻松适应环境。建议做到以下几点，而且让他成为自觉行为：1.自己穿衣服、脱衣服。2.自己拿碗拿筷子，不挑食不浪费，吃完懂得收拾。3.形成稳定的作息，休息游戏时间较为固定。4.有纪律感，能够听从家长的命令。5.有安全意识，懂得自我保护。我想这五点做好了，就是具备初级自理能力。

我们观察到，很多孩子在开学时面对新的老师、同学，出现了恐惧、焦虑和抑郁，进而产生肚子疼、头疼和失眠等症状，

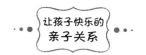
家长也表现得非常着急。事实上，出现心理上、生理上的症状，如焦虑、紧张甚至腹泻，都是正常现象，家长们不必过于惊慌。要知道孩子的气质类型有区别，他们适应环境的能力是不一样的。我们可以从四个方面对孩子进行一些心理调适。

1. 倾听与鼓励。

有很多孩子喜欢通过倾诉的方式排解心中的焦虑，在这个时候，我们要注意倾听孩子的心里话，而且一定要等孩子把话说完。说完之后，孩子可能就得到了放松。这个时候再配合一些鼓励的言语，让孩子们重拾勇气。

2. 进行平等而丰富的沟通。

有很多孩子希望家长了解他们的生活，所以我们在沟通时要变换新鲜的话题，就像大记者认真采访小明星一样。"幼儿园里什么人最有意思呀？"、"你最喜欢哪个老师啊？"

3. 陪伴。

家长的陪伴本身就是一种重要的心理调适。家长的陪伴会让孩子感到得到了莫大的支持，这一点很多家长并没有觉察到。所以在起初上幼儿园的阶段，一定在放学后好好陪伴孩子。

4. 耐心询问诉求。

有一些孩子，他可能有了自己的思想，并在实际生活中遇到了困难，他可能不说，但是需要有人帮助他们，或者至少是给出建议，所以我们可以用温和的语气询问孩子的需要。

让孩子开心入园是每一个家长的希望，我们做了很多准备，但是**最重要的是我们要相信自己的孩子**，他一定可以适应这个环境，而且越来越好。

后记

　　有一个朋友曾经对我说，你不是中国"计划生育第一人"，但你是中国"计划养育第一人"。一方面嫌她过赞，另一方面也对自己的经历感慨一番。在自序中，我交代了我与我父母的亲子关系，这可能是我研究亲子教育的真正源头。在给中学生讲课的时候，我经常和他们说，做任何选择之前一定要寻本溯源，答案不在未来而蕴含在历史之中。有意思的是越早期的历史产物，例如，宗教、传统文化，对于现代人的影响反而越深。如果把一生当作历史的话，你会发现你的早年经历恰恰是构成了你一生行动的驱力。

　　知识的获得方式包括权威、经验、思辨还有科学，你会发现不同国家的人对于知识的获得习惯有很大区别。德国人有哲学的传统，英国人注重经验，法国人更倾向于科学，中国人则对于权威有着更多的青睐与信任。中国人有学习模范，服从专家的集体意识，这是其他国家所罕见的。在亲子教育领域，人们迫切地想找到权威，但很显然事实并不能随人愿。亲子教育的专家不是生了多少个孩子，而是针对于不同的孩子做了多少次横断面研究与纵贯研究。真正的教育家应该扎根于一线，而不是研究所或科研机构，想想研究所的研究员闭门造车是多么的荒唐可笑！无奈的是，中国人喜欢听权威讲话，所以他们的发言才显得有市场。

我辞去了出版社企划部主管的工作，而来到了一所很有特点的公立学校——北京市育英学校。这所学校有 5000 名学生，是一个非常大的样本总体，而且是小学、初中、高中一体化学校。在这片"田野"中，可以更为全面地了解孩子们想什么，孩子们需要什么，找到整体的特征与性质，帮助更多的孩子。值得一提的是，与孩子们生活在一起是非常开心的事情，举一个例子：受好友推荐，我参加了江苏卫视《一站到底》节目，连胜 4 人，最后被一个北京八中少年班的学生打败。有段时间北京雾霾非常严重，学校觉得我的那期节目非常"励志"就全校"公映"，让我一下子成为学校的焦点人物，学生们见到我更加地热情主动。小学生见到我会问，刘老师，您怎么能被一个小女孩打败呢？初中生见到我则会说，刘老师，从那个座位摔下去了疼不疼？里面是什么样子的？高中生见到我的时候，则会直截了当地说，老师，节目奖品的双开门冰箱给您了吗？……是不是非常有趣？"比较"是生物学的科学方法，更是一种良好的生活习惯。

通过接触不同的学生，而了解不同的亲子关系；通过重塑亲子关系，而激发学习动机与生活态度。在近两年内，我分析与总结少年儿童的个案，实际上就是对我的早期育儿理念的证明或证伪。

然而，科学不是一切，权威不是一切。在国人对科学不冷不热的态度下，西方人已经进入到了后现代主义，或者说后科学时代。一方面科学是认识世界的一种方法而不是唯一方法，另一方面科学只能解答一部分而不是全部内容。值得注意的是科学不总是对的，还要考虑更多的人性、情感因素。在这一方面，德国的韦伯是一个先驱者，我想这对于亲子教育也具有非常大的借鉴意义。在做教育研究的时候，我们注重定量的方法，比如调查问卷与量表，但同时我们应该更加关注定性的方法，比如访谈法与扎根理论，只有与学生和父母保持最为亲密的接触，才可能掌握第一手资料，才能具备说服力，才能真正帮助到家长与孩子。

这件事情是有意义的，甚至是有价值的。除此之外，我也开始关注随班就读现象。由于获得法律的支持，具有智力障碍、学习障碍、注意力缺陷或孤独症的儿童可以选择正常学校来上学，而放弃去培智学校。在这种大背景下，资源教师诞生了。我曾经在三所学校工作过，参与了资源教学的方案讨论、资源教室的设计和资源器材的选购，还有我正在做的关于孤独症儿童的个案研究。我总是觉得可能上帝是派我来拯救这些不一样的孩子，可能是我的多心，但这种多心让我有一种莫名的存在感。我想如果我有机会一定会在这方面继续攻读，对于特殊儿童的帮助体现了我的"精神慈善观"。

最后我想说，亲子关系对于孩子的重要性，就像土壤关乎植物的重要性。不是唯一的，却也是第一的。

这本书是送给我的父母刘东明先生与张爱英女士的。"大爱无言，大爱无谢。"我想这八个字实际上就是中国人的本性：我们不太善于表达爱，不太善于接受爱，不太善于理解爱。我要在这里对我的爸爸、妈妈说一句，爸爸妈妈，我永远爱你们，谢谢你们！

刘勇赫

2014 年 5 月 27 日于思聪楼